이 책에 쏟아진 찬사

내 안에 숨겨진 작은 거인이 어느 날 나에게 말을 걸어온다. 〈하루 3분, 나만의 행복 루틴〉을 통해 희망과 용기와 나를 사랑하는 법을 배워 보라고…
그녀의 첫인상은 진지함 뒤에 감춰진 러블리함이 있었다. 눈빛에는 생기가 있었고, 언행에는 의지가 가득했으며, 발걸음에는 열정이 담겨 있었다. 양지연 작가를 처음 안 그 순간부터 지금까지 그녀의 처음과 끝은 항상 동일하다. 꾸준한 습관들이 만든 무적의 에너지는 어디서도 느낄 수 없는 아우라다. 열정을 다해 살아가는 삶을 재미와 의미로 가득 채워줄 꾸준여신의 긍정 내공이 담긴 이 책과 함께라면 힘겹던 내 인생에서 솜사탕 같은 기쁨이 배어들 것이다.

－「10배 버는 힘」의 저자 소피노자 **박서윤**

내 마음을 매일 들여다보며 내 감정을 느끼고 기록하는 과정은 나다운 삶'이라는 열매를 위해 씨를 뿌리는 작업이다. 결국 우리가 원하는 변화는 일상의 노력으로 얻을 수 있다.
이제 책을 펼치고 펜을 들어 힘이 되고 위로가 되어 주는 나만의 노트를 만들어보자.

－「나를 깨우는 책읽기 마음을 훔치는 글쓰기」의 저자 **허지영**

이 책엔 짧지만 강력한 금언들이 많다. 특히 난 억지인연이란 대목에서 **빵** 터졌다.
억지로 만든 인연은 억지로라도 떼라는 것이다. 이 책을 읽으면서 하루를 시작하고 메모하다보면 당신 삶에 분명 변화가 있을 것이다.

－「몸이 먼저다」의 저자 **한근태**

하루 3분 정도 명상을 매일 기록한다면 우리 삶은 어떻게 바뀔까?
이런 명상 루틴을 제안하고 독자에게 과감히 펜을 넘긴 저자의 배포가 가히 놀랍다…
이래라저래라 검증되지 않는 지식을 강요하는 정보과잉시대에 이 책의 작은 의도가 사금파리처럼 빛이 난다… 여기에 맞스러운, 희망어록이 첨부된 것은 작가의 센스라 더욱 고맙게 여겨진다.

– 「스타벅스의 미래」의 저자이자 「마케팅 스페셜리스트」 맹명관

저자는 생각하는 경영자이자 생각하는 부모입니다.
자신의 생각 노하우인 메모와 계획 그리고 기록을 아낌없이 공개하고 있습니다. 생각을 성과로 만들고 싶은 분들에게 이 책을 강력히 추천합니다.

– 대한민국 1인기업 국민 멘토 김형환 교수

5년 동안 저자를 만나오면서 나이테가 하나씩 생겨 가는 나무처럼 시간이 지나면서 저자의 성장뿌리가 더 단단해지고 있다. 하루 3분을 통해 독자들도 저자처럼 행복한 루틴을 만들어 내길 소망한다.

– 반디인하우스 대표 박경아

하루 3분 나와 만나는 시간, 매일 들고 다니고 싶은 한 권의 책

– 「스탠버드는 이렇게 창업한다」의 저자 강환규 대표

하루 3분
나만의 행복 루틴

기분 좋은 하루를 만드는 나만의 메모 습관

하루 3분 나만의 행복 루틴
기분 좋은 하루를 만드는 나만의 메모 습관

초판 1쇄 인쇄 ｜ 2021년 10월 12일
초판 2쇄 발행 ｜ 2021년 10월 20일

지은이 ｜ 양지연
그 림 ｜ 원유진
펴낸이 ｜ 최화숙
기 획 ｜ 엔터스코리아(책쓰기 브랜딩스쿨)
편 집 ｜ 유창언
펴낸곳 ｜ **이코노믹북스**

등록번호 ｜ 제1994-000059호
출판등록 ｜ 1994. 06. 09

주소 ｜ 서울시 마포구 성미산로 2길 33(서교동) 202호
전화 ｜ 02)335-7353~4
팩스 ｜ 02)325-4305
이메일 ｜ pub95@hanmail.net｜pub95@naver.com

ⓒ 양지연 2021
ISBN 979-89-5775-269-2   13320
값 14,000원

하루 3분
나만의 행복 루틴

기분 좋은 하루를 만드는 나만의 메모 습관

양지연(꾸준여신) 지음

이코노믹북스

프롤로그

쏟아지는 감성 글귀들로 가득한 세상이다.
그래서 힘이 들 때면 책들, 글귀들, 영상들을 찾는다.
'외로울 때 읽어야 하는 책' '돈 많이 벌고 싶들 때 읽어야 하는 책'
'힘이 들 때 읽어야 하는 책' 제목만 봐도 위로가 되는 것 같다.

넘치는 #속에서 또 다른 #을 찾는다.

우리는 그렇게 '남'의 이야기들로 '나'의 지친 감정을 위로받는다.
어떻게 된 일인지 나날이 세상은 빨라지고 좋아지는데 '나'는 나날이 숨 쉬는 것조차도 버겁다.
아무것도 안 하고 있음에도 더 격렬하게 아무것도 안 하고 싶고
무언가를 아주 열심히 하고 있다가도 이게 맞는 건지 자꾸만 의문이 든다.
그렇게 어찌어찌 혼자만의 시간을 가진 후 스스로 위안을 삼아도 무언가 허전하다.

전화기를 들어 어딘가로 전화를 한다.
"치맥 한 잔 콜?" 혹은 "배달되죠?"
아마도 치열한 우리네 삶에서 잠시나마 위안이 될 수 있는 가장 편한 스트레스 해소제가 아닐까?
(그마저도 점점 내 지갑보다 무거워지고 있는 치킨과 맥주값에 괴리감이 들 때도 있다.)

반짝거리는 야경, 밤바람이 가져다주는 풀잎 냄새, 잔잔하게 일렁이는 강물
생각만 해도 마음이 가라앉는 한강 벤치에서 치킨과 맥주를 준비한다.

슬리퍼를 끌고 도착한 집 앞 치킨 집에서 누군가는 사랑을 시작하고, 누군가는 이별을 준비한다.
누군가는 취직을 했으며, 누군가는 오늘도 면접 탈락의 문자를 받았다.

단순히 치킨과 맥주일 뿐인데도 많은 이야기들이 담긴다.
나는 당신에게 그런 존재가 되고 싶다.

아무것도 안 하고 있음에도, 당신이
이 책을 집어 들었으면 좋겠다.
아주 열심히 무언가를 하고 있을 때도 이 책을 항상 곁에 두었으면 좋겠다.

무언가 바쁘게 끄적거려도 좋고, 아무 생각 없이 점을 찍어 놓고 점 잇기를 해도 좋다.
가볍게 들고 다니며 언제든 꺼낼 수 있는 편한 벗이 될 수 있기를 희망한다.

이 책을 만들게 되면서 무수히 많은 생각과 아이디어가 떠올랐다.
넣고 싶은 이야기들이 자꾸 많아져서 넘치게 채워 넣으려고 했다.
그렇게 차곡차곡 모으고 빼다 보니, 남은 건 얼굴을 모르는 당신에게,
그리고 나에게 위로가 되고 싶은 마음만 남더라.

생각 없이 미로를 찾고 하루를 정리하거나 또는 준비하며
당신의 틈새를 찾아 주고 싶다.

단 한 사람에게라도 이 책이 위안이 될 수 있었으면 좋겠다.

마음잡고 제대로 준비하고 펜을 들지 않아도
스쳐 가는 시간들을 모아 가볍게 끄적거리며
'나'의 이야기들이 가득한 한 권의 책으로 남겨지고 싶다.

서랍 속에 혹은 책장 속에 한 권씩 늘어가는 당신의 이야기들이 되기를 소망한다.

사랑하는 사람에게
힘들어하는 친구를 위해
응원하는 마음을 전하고 싶을 때
자신 있게 권할 수 있는 보물 같은 책이 될 수 있었으면 좋겠다.

6인치도 되지 않는 손바닥만 한 핸드폰 속 세상 보다
온전한 당신만의 세상을 만들기를 소망하며 이 책을 선물한다.

속에서 벗어나자

이 책의 100% 활용법

VB VERY BAD
B   BAD
SS SO SO
G   GOOD
VG VERY GOOD

POINT 1

My Feeling Check
당신에게 특별하지 않은 날은 단 하루도 없답니다.
당신의 하루를 점수로 책정하기보다 느꼈던 감정을 체크해 보세요.

POINT 2

하루에 하나씩 수록되어 있는 명언들
매일 하나씩 읽어보세요. 당신에게 조금은 힘이 될 거예요.

POINT 3

Hug Story
조용히 위로받고 싶을 때 노트를 빨리 넘겨보세요.
오른쪽 하단 예쁜 꽃 이미지들이 당신을 위로하기 위해 기다리고 있어요.
아기자기하고 포근해지는 이미지들이 당신을 더욱 안아줄 거예요.

POINT 4

읽고 쓰고 익히는 우리의 아날로그 게임
어떤 자리에서 어떤 사람과 소통을 하더라도 뒤처지지 않는 센스 장착!
내 하루를 채우는 왼편에는 킬링 파트 오른편에는 다이어리
가득 채워져 있는 머릿속을 비우며 탈디지털하세요.

POINT 5

감사합니다:-)
매일 감사한 일을 억지로라도 찾아보세요.
분명 더 감사한 일들이 당신을 찾아올 거예요.

POINT 6

긴 메모나 자료 정리가 필요할 땐 맨 뒷장 줄 노트를 이용해 보세요.

목 차

01

더 위로하는
하루

자존감 키우기

치열한 삶의 맥을 잡자
내 하루의 시작 그리고
내 기억의 시작

안녕, 오늘

스스로를 믿는 자는 어떤 어려움이
와도 두렵지 않다.

-양지연

● To Do List

오늘 할 일을 내일로 미루면 내일은 더 달려야 한다

☐ _____
☐ _____
☐ _____
☐ _____
☐ _____
☐ _____
☐ _____
☐ _____

꼭 기억해야 하는 일은 ☆로 체크하세요

● Reminders

오늘의 약속을 적어 보세요

_____
_____
_____
_____
_____
_____

● Memo

● Thank you!

오늘의 감사한 일을 적어 보세요

_____
_____
_____

● Note

당신의 심리는?

1. 화단에 장미꽃을 꺾어 방을 장식하려 한다면 몇 송이를 꺾고 싶으세요?

2. 당신이 어떤 방에 들어갔는데 그 방이 온통 하얗게 되어 있어요.
   이때 당신이 받는 느낌은 어떤가요?

   ex) 깨끗하다. 시원하다. 무섭다. 텅 빈 느낌 등등

3. 사막을 가게 된다면 신발을 몇 켤레 가져 가실 건가요?

4. 저승사자가 이승에서 마지막 하루를 주겠다면 하루동안 무엇을 하고 싶으신가요?

5. 길을 가는데 무언가 살아있는 게 확 지나갔어요. 무엇일까요?

   ex) 사람, 동물, 귀신, 물건, 그림자, 자동차 등

6. 집을 지으려고 설계도를 그렸습니다. 거실 벽의 높이는 높은가요 낮은가요?

7. 코코아 한 잔을 먹으려고 우연히 찬장 안을 봤습니다. 컵이 몇 개가 있을까요?

8. 길을 가는데 폐가가 한 채가 있네요. 폐가의 문은 열려 있을까요 닫혀 있을까요?

9. 비행기를 처음 탔어요. 이륙할 때의 느낌은 어떨까요?

10. 비 오는 날 길을 가는데 자동차가 지나가면서 구정물을 튀겼습니다.
    어디에 튀었나요?

    ex) 머리, 얼굴, 손, 발, 머리카락 등

〈결과는 16p에 있습니다〉

안녕, 오늘

My feeling

VG G SO B VB

남들이 당신을 어떻게 생각할까 너무 걱정하지 마라.
남들은 그렇게 당신에 대해 많이 생각하지 않는다.

−엘레노어 루즈벨트

To Do List

오늘 할 일을 내일로 미루면 내일은 더 달려야 한다

☐ _____
☐ _____
☐ _____
☐ _____
☐ _____
☐ _____
☐ _____
☐ _____

꼭 **기억**해야 하는 일은 ☆로 **체크**하세요

Reminders

오늘의 약속을 적어 보세요

Memo

Thank you!

오늘의 감사한 일을 적어 보세요

Note

당신의 심리는?

1번 결과 - 자신이 안아주고 싶은 사람의 수

2번 결과 - 자신이 죽을 때의 느낌

3번 결과 - 자신이 결혼하기 전 사귈 사람의 수

4번 결과 - 지금 당장 하고 싶다고 느끼는 일

5번 결과 - 자신의 전쟁

6번 결과 - 자신의 자존심 높이

7번 결과 - 자신의 진정한 친구 수

8번 결과 - 자신의 마음 문의 여부

9번 결과 - 자신의 첫 키스 때의 느낌

10번 결과 - 자신의 콤플렉스가 있는 부분

안녕, 오늘

내가 가진 많은 장점보다
내게 없는 한 가지 단점에 집착하지 말자.

−양지연

To Do List

오늘 할 일을 내일로 미루면 내일은 더 달려야 한다

- [ ] _____
- [ ] _____
- [ ] _____
- [ ] _____
- [ ] _____
- [ ] _____
- [ ] _____
- [ ] _____

꼭 기억해야 하는 일은 ☆로 체크하세요

Reminders

오늘의 약속을 적어 보세요

Memo

Thank you!

오늘의 감사한 일을 적어 보세요

Note

수고했어, 오늘도!

DATE ． ．
M T W T F S S

안녕, 오늘

● Myfeeling

VG G SO B VB

너의 길을 가라.
남들이 무엇이라 하든지 내버려두라.
-단테

● To Do List
오늘 할 일을 내일로 미루면 내일은 더 달려야 한다

☐ _____
☐ _____
☐ _____
☐ _____
☐ _____
☐ _____
☐ _____
☐ _____

꼭 **기억**해야 하는 일은 ☆로 **체크**하세요

● Reminders
오늘의 약속을 적어 보세요

● Memo

Thank you!
오늘의 감사한 일을 적어 보세요

● Note

항상 응원할게. 널!

DATE . .

M T W T F S S

안녕, 오늘

● My feeling

VG G SO B VB

스스로 자신을 존경하면
다른 사람도 그대를 존경할 것이다.
–공자

● **To Do List**

오늘 할 일을 내일로 미루면 내일은 더 달려야 한다

- [ ] _____
- [ ] _____
- [ ] _____
- [ ] _____
- [ ] _____
- [ ] _____
- [ ] _____
- [ ] _____

꼭 기억해야 하는 일은 ✿로 체크하세요

● **Reminders**

오늘의 약속을 적어 보세요

● **Memo**

Thank you!

오늘의 감사한 일을 적어 보세요

● **Note**

생각의 차이가 센스를 만든다.

안녕, 오늘

화가 날 때는 10까지 세어라.
화가 너무 날 때는 100까지 세어라.

−토머스 제퍼슨

● To Do List

오늘 할 일을 내일로 미루면 내일은 더 달려야 한다

- ☐ _____
- ☐ _____
- ☐ _____
- ☐ _____
- ☐ _____
- ☐ _____
- ☐ _____
- ☐ _____

꼭 기억해야 하는 일은 ☆로 체크하세요

● Reminders

오늘의 약속을 적어 보세요

● Memo

Thank you!

오늘의 감사한 일을 적어 보세요

● Note

네잎클로버를 본 오늘,
행운은 당신의 것
이 행운을 믿으세요.
최고의 행운이 당신을
기다리고 있습니다.

DATE   .   .

M T W T F S S

안녕, 오늘

My feeling

VG   G   SO   B   VB

가장 현명한 사람은 빈틈없는 사람이 아니라
쉴 틈을 만드는 사람이다.
−양광모

To Do List
오늘 할 일을 내일로 미루면 내일은 더 달려야 한다

☐ _____
☐ _____
☐ _____
☐ _____
☐ _____
☐ _____
☐ _____
☐ _____

꼭 기억해야 하는 일은 ☆로 체크하세요

Reminders
오늘의 약속을 적어 보세요

Memo

Thank you!
오늘의 감사한 일을 적어 보세요

Note

취향과 생존은 다르다

DATE   .   .

M T W T F S S

안녕, 오늘

어제와 똑같이 살면서
다른 미래를 기대하는 것은 정신병 초기 증세다.
─아인슈타인

I ♡
you

To Do List

오늘 할 일을 내일로 미루면 내일은 더 달려야 한다

☐ _____
☐ _____
☐ _____
☐ _____
☐ _____
☐ _____
☐ _____
☐ _____

꼭 기억해야 하는 일은 ✰로 체크하세요

Reminders

오늘의 약속을 적어 보세요

Memo

Thank you!

오늘의 감사한 일을 적어 보세요

Note

'5시간'의 법칙
내 운명을 바꾸는 방법

어떤 일이든 매일 하루 한 시간씩 꾸준히 하는 것
- 일주일에 총 5시간씩 투자할 수 있다.

벤저민 프랭클린

미국을 대표하는 사상가, 작가, 발명가, 정치인

힘든 생계를 꾸려 나가는 중에도 매일 낮 12시~1시까지 한 시간을 독서 시간으로 만들었다.
이 습관은 평생의 습관이 됐고 성장의 밑거름이 됐다.

벤치마킹

워렌 버핏

아침에 일어나 사무실에 나가면 자리에 앉아 신문을 읽기 시작한다.
각종 투자정보, 편지, 추천서 등이 날아들지만 무조건 하루 한 시간은 신문을 보는 시간이다.

빌 게이츠

어려서부터 꾸준히 실천하고 있는 두 가지 습관이 있는데
하나가 정오 무렵 즐기는 10분 정도의 낮잠, 그리고 또 하나가 5시간 법칙에 맞춘 독서이다.
"오늘의 나를 있게 한 것은 매일 조금씩이라도 독서하는 습관이다."

본업이 바쁜 현대인들이 뭔가 배우고 얻기 위해 시간을 따로 내기란 쉽지 않다.
하지만 따져보면 흘려 보내는 시간들만 잘 모아도 하루 1시간은 확보할 수 있다.
이런 부스러기 시간들을 꾸준히 주워 모아 내게 꼭 필요한 일을 배우고 실천한다면
우리는 엄청난 일을 해낼 수 있다.

– 포브스 경영전략 칼럼니스트 이안 추

DATE   .   .

M T W T F S S

안녕, 오늘

My feeling

VG   G   SO   B   VB

가격은 당신이 지불하는 것이고
가치는 당신이 얻는 것이다.

−워렌 버핏

To Do List

오늘 할 일을 내일로 미루면 내일은 더 달려야 한다

☐ _____
☐ _____
☐ _____
☐ _____
☐ _____
☐ _____
☐ _____
☐ _____

꼭 기억해야 하는 일은 ☆로 체크하세요

Reminders

오늘의 약속을 적어 보세요

Memo

Thank you!

오늘의 감사한 일을 적어 보세요

Note

나이만 먹으면
어른이 될 수 있을 줄 알았어!

DATE   . .

M T W T F S S

안녕, 오늘

My feeling

VG G SO B VB

대부분의 사람들은
자신이 마음먹은 정도만큼만 행복하다.
−아브라함 링컨

To Do List
오늘 할 일을 내일로 미루면 내일은 더 달려야 한다

- ☐ _____
- ☐ _____
- ☐ _____
- ☐ _____
- ☐ _____
- ☐ _____
- ☐ _____
- ☐ _____

꼭 기억해야 하는 일은 ☆로 체크하세요

Reminders
오늘의 약속을 적어 보세요

Memo

Thank you!
오늘의 감사한 일을 적어 보세요

Note

하루를 정리할 때, 하루를 시작할 때는
누구에게도 방해받지 마세요.
온전히 당신의 것입니다.

안녕, 오늘

My feeling

VG　G　SO　B　VB

우직하게… 열심히…
정성을 다해.
－양지연

To Do List

오늘 할 일을 내일로 미루면 내일은 더 달려야 한다

- [ ] _____
- [ ] _____
- [ ] _____
- [ ] _____
- [ ] _____
- [ ] _____
- [ ] _____
- [ ] _____

꼭 기억해야 하는 일은 ☆로 체크하세요

Reminders

오늘의 약속을 적어 보세요

Memo

Thank you!

오늘의 감사한 일을 적어 보세요

Note

내가 가는 길이
내 삶의 길이다.

DATE   .   .

M T W T F S S

안녕, 오늘

습관이란

인간으로 하여금 어떤 일이든지 하게 만든다.

－도스토예프스키

To Do List

오늘 할 일을 내일로 미루면 내일은 더 달려야 한다

☐ _____

☐ _____

☐ _____

☐ _____

☐ _____

☐ _____

☐ _____

☐ _____

꼭 **기억**해야 하는 일은 ✿로 **체크**하세요

Reminders

오늘의 약속을 적어 보세요

Memo

Thank you!

오늘의 감사한 일을 적어 보세요

Note

살다 보니 가끔은
인맥보다 치맥이더라.

DATE . .

M T W F S S

안녕, 오늘

Myfeeling

VG G SO B VB

어떤 충고나 비난, 조언보다
더 힘이 되는 것은 공감입니다.

−양지연

To Do List

오늘 할 일을 내일로 미루면 내일은 더 달려야 한다

- [ ] _____
- [ ] _____
- [ ] _____
- [ ] _____
- [ ] _____
- [ ] _____
- [ ] _____
- [ ] _____

꼭 기억해야 하는 일은 ☆로 체크하세요

Reminders

오늘의 약속을 적어 보세요

Memo

Thank you!

오늘의 감사한 일을 적어 보세요

Note

오늘 너 참
예쁘다.

DATE ___ . ___ . ___
M T W T F S S

안녕, 오늘

나는 천천히 가는 사람입니다.
그러나 뒤로 가지는 않습니다.
–링컨

● To Do List
오늘 할 일을 내일로 미루면 내일은 더 달려야 한다

- [ ] _____
- [ ] _____
- [ ] _____
- [ ] _____
- [ ] _____
- [ ] _____
- [ ] _____
- [ ] _____

꼭 기억해야 하는 일은 ☆로 체크하세요

● Reminders
오늘의 약속을 적어 보세요

● Memo

Thank you!
오늘의 감사한 일을 적어 보세요

● Note

우리는 7942

당신과 궁합을 알고 싶은 친구를 떠올려 보세요.
그리고 코끼리, 새, 여우, 말, 원숭이, 고양이 중 하나를 선택해 봅시다.

코끼리   왠지 모르게 부러워하는 친구

늘 함께 붙어 있지는 않지만, 항상 멀리서 지켜 봐 주는 친구네요.
어려운 일이 있을 때 상담을 청하면 잘 들어 줄 것 같아요.

말   이 친구처럼 되고 싶어! 라고 생각하는 친구

코디 센스나 사고 방식에 있어 이 친구에게 굉장히 큰 영감을 받게 되네요.

새   당신이 주도권을 쥐고 있는 친구

취미나 센스는 정반대이지만 어느새 친구가 되어 버렸네요.
소꿉친구일 경우가 많아요.

고양이   같은 동성으로서 도저히 정이 가지 않는 친구

여우   굉장히 매력적인 마스크를 가지고 있거나 엄청나게 브레인 친구

원숭이   가장 친한 친구

DATE . .

M T W T F S S

안녕, 오늘

귀중하고 소중한 건 언제나 곁에 있어.
하지만 그게 당연해지면 알지 못하게 돼.

-케이온

To Do List

오늘 할 일을 내일로 미루면 내일은 더 달려야 한다

☐ _____
☐ _____
☐ _____
☐ _____
☐ _____
☐ _____
☐ _____
☐ _____

꼭 기억해야 하는 일은 ☆로 체크하세요

Reminders

오늘의 약속을 적어 보세요

Memo

Thank you!

오늘의 감사한 일을 적어 보세요

Note

나만 기회가 없는 줄 알았다.
나만 기회를 비켜 가는 줄 알았다.
나에게만 기회가 안 오는 줄 알았다.
그러나 나에게도 기회가 왔었다.
하지만 그것이 기회인 줄을 몰랐었다.

DATE . .

M T W T F S S

안녕, 오늘

좋은 아이디어는 많은 시간을 들인다고 나오지 않아.
문득, 순간 나오지.

−양지연

To Do List

오늘 할 일을 내일로 미루면 내일은 더 달려야 한다

- [ ] _____
- [ ] _____
- [ ] _____
- [ ] _____
- [ ] _____
- [ ] _____
- [ ] _____
- [ ] _____

꼭 기억해야 하는 일은 ☆로 체크하세요

Reminders

오늘의 약속을 적어 보세요

Memo

Thank you!

오늘의 감사한 일을 적어 보세요

Note

나의 노력이 헛되지 않게
오늘 하루도
열심히 살아 보렵니다.

안녕, 오늘

Myfeeling

VG G SO B VB

이 인생에서는 마지막에 웃는 자가
가장 오래 웃는 자다.

-존 메이스필드

To Do List

오늘 할 일을 내일로 미루면 내일은 더 달려야 한다

☐ _____

☐ _____

☐ _____

☐ _____

☐ _____

☐ _____

☐ _____

☐ _____

꼭 기억해야 하는 일은 ✿로 체크하세요

Reminders

오늘의 약속을 적어 보세요

Memo

Thank you!

오늘의 감사한 일을 적어 보세요

Note

열심히 살다가도
다 놓고 싶을 때가 온다.
정답없는 인생살이에
우리들도 매번 성장통을 겪는다.
그러니, 힘내.

DATE . .

M T W T F S S

안녕, 오늘

My feeling

VG G SO B VB

자신을 사랑하는 법을 아는 것이
가장 위대한 사람입니다.
—마이클 매서

To Do List

오늘 할 일을 내일로 미루면 내일은 더 달려야 한다

- [ ] _____
- [ ] _____
- [ ] _____
- [ ] _____
- [ ] _____
- [ ] _____
- [ ] _____
- [ ] _____

꼭 **기억**해야 하는 일은 ☆로 **체크**하세요

Reminders

오늘의 약속을 적어 보세요

Memo

Thank you!

오늘의 감사한 일을 적어 보세요

Note

내가 망하면 경험했다 하고
남이 안 되면 망했다 하는 사람들이 있다.
나는 어디에 속할까?

DATE   .   .

M T W T F S S

안녕, 오늘

Myfeeling

VG G SO B VB

건강은 최고의 선물이며, 만족은 최고의 자산이며,
믿음은 최고의 관계이다.

−석가모니

To Do List

오늘 할 일을 내일로 미루면 내일은 더 달려야 한다

☐ _____
☐ _____
☐ _____
☐ _____
☐ _____
☐ _____
☐ _____
☐ _____

꼭 기억해야 하는 일은 ✿로 체크하세요

Reminders

오늘의 약속을 적어 보세요

Memo

Thank you!

오늘의 감사한 일을 적어 보세요

Note

안다고 다 알려주지 말자.
가졌다고 다 주지 말자.
내 사람이다가도
남이 되어 버리는 이 세상.

DATE   .   .

M T W T F S S

안녕, 오늘

좋은 친구는 내가 없는 곳에서
나를 칭찬한다.

—이언

● **To Do List**

　　오늘 할 일을 내일로 미루면 내일은 더 달려야 한다

- ☐ _____
- ☐ _____
- ☐ _____
- ☐ _____
- ☐ _____
- ☐ _____
- ☐ _____
- ☐ _____

　　꼭 **기억**해야 하는 일은 ☆로 **체크**하세요

● Reminders

　　　　　　　　　　　오늘의 약속을 적어 보세요

_____
_____
_____
_____
_____
_____

● Memo

Thank you!

　　　　　　　　오늘의 감사한 일을 적어 보세요

_____
_____
_____

● Note

마음 구독

독한 마음
따뜻한 마음
단단한 마음
착한 마음

땅동♬
구독 완료

안녕, 오늘

My feeling

VG G SO B VB

인생이란 결코 공평하지 않다.
이 사실에 익숙해지거라.
-빌 게이츠

To Do List

오늘 할 일을 내일로 미루면 내일은 더 달려야 한다

☐ _____
☐ _____
☐ _____
☐ _____
☐ _____
☐ _____
☐ _____
☐ _____

꼭 기억해야 하는 일은 ✿로 체크하세요

Reminders

오늘의 약속을 적어 보세요

Memo

Thank you!

오늘의 감사한 일을 적어 보세요

Note

억지인연

억지인연은 억지로라도 끊어라.
불편한데도 곁에 두어야 하는 사이
위기에 처했을 때 떠나는 사이
나의 에너지를 좀먹는 사이
이런 억지인연으로 나의 에너지가 낭비된다.

진짜 인연은 양보다는 질이다.
매일 보지 않아도 편한 사이
존재 자체가 신뢰가 되는 관계
한명으로 충분한 그 사람이 나의 진짜 인연.

이런 인연이 있으면 지금도 행복하고
앞으로도 행복한 삶이 되지 않을까?

DATE   .   .

M T W T F S S

안녕, 오늘

올라가도 자만하지 말고
내려가도 좌절하지 말자.

−허준호

🔴 **To Do List**

오늘 할 일을 내일로 미루면 내일은 더 달려야 한다

- ☐ _____
- ☐ _____
- ☐ _____
- ☐ _____
- ☐ _____
- ☐ _____
- ☐ _____
- ☐ _____

꼭 기억해야 하는 일은 ☆로 체크하세요

🔴 Reminders

오늘의 약속을 적어 보세요

🔴 Memo

🔴 Thank you!

오늘의 감사한 일을 적어 보세요

🔴 Note

알약몰독, 알독몰약

알면 알수록 약이 되고
모를수록 독이 되는 내 마음
알면 알수록 독이 되고
모를수록 약이 되는 니 마음

어렵다 이 세상
어렵다 내 마음

DATE   . .

M T W T F S S

안녕, 오늘

Myfeeling

VG   G   SO   B   VB

친구를 고르는 데는 천천히,
친구를 바꾸는 데는 더 천천히

—벤자민 프랭클린

To Do List

오늘 할 일을 내일로 미루면 내일은 더 달려야 한다

☐ _____
☐ _____
☐ _____
☐ _____
☐ _____
☐ _____
☐ _____
☐ _____

꼭 기억해야 하는 일은 ☆로 체크하세요

Reminders

오늘의 약속을 적어 보세요

Memo

Thank you!

오늘의 감사한 일을 적어 보세요

Note

말투의 역설

예쁘게 말하고 싶지만

부족한 표현력으로 늘 오해를 받는 사람들이 있다.

다정하고 싶지만 입에서는 자꾸 툭툭 던져지는 말투뿐.

하지만 시간이 지나면 안다.

진짜 내 사람들은 이것들이 문제가 되지 않는다는 사실을…

DATE   . .

M T W T F S S

안녕, 오늘

● My feeling

VG G SO B VB

하루 5분의 명상을 즐기십시오.
당신의 뇌가 젊어지게 될 것입니다.
-양지연

● **To Do List**

    오늘 할 일을 내일로 미루면 내일은 더 달려야 한다

☐ _____
☐ _____
☐ _____
☐ _____
☐ _____
☐ _____
☐ _____
☐ _____

    꼭 **기억**해야 하는 일은 ☆로 **체크**하세요

● Reminders

        오늘의 약속을 적어 보세요

● Memo

● **Thank you!**

      오늘의 감사한 일을 적어 보세요

● Note

거울 속 나와의 대화

내 눈이 지금 나의 상태를 말해준다.
내 눈을 보고 있자니 하염없이 눈물이 흐른다.
너무나 열심히 산 내 눈속에 또 내가 있다.
내 눈이 나를 위로한다.
말하지 않아도 알아들을 수 있는 나와의 대화

DATE　　　.　　　.

M T W T F S S

안녕, 오늘

버텨라. 버티다 보면
무언가 돼 있더라.

—장윤정

● To Do List

오늘 할 일을 내일로 미루면 내일은 더 달려야 한다

- [ ] _____
- [ ] _____
- [ ] _____
- [ ] _____
- [ ] _____
- [ ] _____
- [ ] _____
- [ ] _____

꼭 기억해야 하는 일은 ☆로 체크하세요

● Reminders —

오늘의 약속을 적어 보세요

● Memo

Thank you!

오늘의 감사한 일을 적어 보세요

● Note

기회의 시간을 잡으세요.
나태함에서 벗어나세요.
선택도 본인 몫,
책임도 본인 몫

떠나가기 전에 잡으세요.
지금이 그 시간입니다.

안녕, 오늘

My feeling

VG G SO B VB

반드시라는 말을 하는 사람은
그 누구도 그의 의지를 꺾지 못한다.

−양지연

To Do List

오늘 할 일을 내일로 미루면 내일은 더 달려야 한다

☐ _____
☐ _____
☐ _____
☐ _____
☐ _____
☐ _____
☐ _____
☐ _____

꼭 기억해야 하는 일은 ☆로 체크하세요

Reminders

오늘의 약속을 적어 보세요

_____
_____
_____
_____
_____
_____

Memo

Thank you!

오늘의 감사한 일을 적어 보세요

_____
_____
_____
_____

Note

사람은 선하게 태어난다.
살면서 악해진다.
죽기 전에 다시 선해진다.
선하게 살고 싶지만
삶이 그리 호락호락하지 않다.
악해지지 말고 선해지자.
약해지지 말고 강해지자.

안녕, 오늘

길을 가다가 돌이 나타나면 약자는 그것을 걸림돌이라 말하고
강자는 그것을 디딤돌이라고 말한다.

－토머스 칼라일

🔵 **To Do List**

오늘 할 일을 내일로 미루면 내일은 더 달려야 한다

- [ ] _____
- [ ] _____
- [ ] _____
- [ ] _____
- [ ] _____
- [ ] _____
- [ ] _____
- [ ] _____

꼭 기억해야 하는 일은 ✿로 체크하세요

🔵 Reminders

오늘의 약속을 적어 보세요

🔵 Memo

Thank you!

오늘의 감사한 일을 적어 보세요

🔵 Note

성공한 사람들의 공통점

1. 스스로에게 질문한다.

2. 작은 것도 포기하지 않는다.

3. 바닥을 찍은 경험이 있다.

4. 독하다는 소리를 듣는다.

5. 본인 측을 믿는다.

6. 배신을 당한 적이 있다.

7. 남이 가지 않는 길을 고집한다.

8. 평범한 생각을 하지 않는다.

9. 될 때까지 한다.

DATE　　.　　.

M T W T F S S

안녕, 오늘

My feeling

VG　G　SO　B　VB

10년 이상 볼 게 아니면
10분도 함께 하지 마라.

−양지연

🔵 To Do List

오늘 할 일을 내일로 미루면 내일은 더 달려야 한다

- ☐ _____
- ☐ _____
- ☐ _____
- ☐ _____
- ☐ _____
- ☐ _____
- ☐ _____
- ☐ _____

꼭 **기억**해야 하는 일은 ☆로 **체크**하세요

🔵 Reminders

오늘의 약속을 적어 보세요

🔵 Memo

Thank you!

오늘의 감사한 일을 적어 보세요

🔵 Note

02

◇◇◇◇◇◇◇◇◇◇◇◇◇◇◇◇

더 똑똑해지는
하루

아날로그 게임

◇◇◇◇◇◇◇◇◇◇◇◇◇◇◇◇

그림 따라 그리기

-색도 입혀 주세요.

: 이런 거 오랜만이지?

보고 따라 하는 건 할 수 있지?

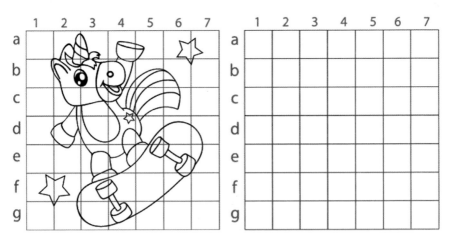

안녕, 오늘

Myfeeling

VG G SO B VB

너의 성공은 시작도 안 했어. 지치지 말고,
주눅 들지도 말고 가던 길로 앞만 보고 가.

−양지연

To Do List

오늘 할 일을 내일로 미루면 내일은 더 달려야 한다

☐ _____
☐ _____
☐ _____
☐ _____
☐ _____
☐ _____
☐ _____
☐ _____

꼭 **기억**해야 하는 일은 ☆로 **체크**하세요

Reminders

오늘의 약속을 적어 보세요

Memo

Thank you!

오늘의 감사한 일을 적어 보세요

Note

그림 따라 그리기

-색도 입혀 주세요.

: 귀요미 동물 따라 그리다 보면

　내 마음도 잠시 동심으로 돌아갈 거야.

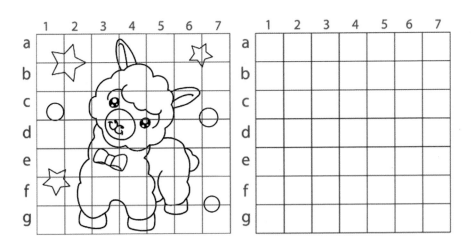

안녕, 오늘

My feeling

VG G SO B VB

쉬고 싶을 땐 그냥 쉬세요.

막 쉬세요. 제발… 골병들어요.

—양지연

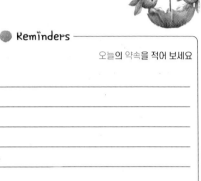

To Do List

오늘 할 일을 내일로 미루면 내일은 더 달려야 한다

☐ _____

☐ _____

☐ _____

☐ _____

☐ _____

☐ _____

☐ _____

☐ _____

꼭 기억해야 하는 일은 ☆로 체크하세요

Reminders

오늘의 약속을 적어 보세요

Memo

Thank you!

오늘의 감사한 일을 적어 보세요

Note

미로찾기

-머리가 멍할 때 도전해 봐
이거 성공하면 당신은 천재!

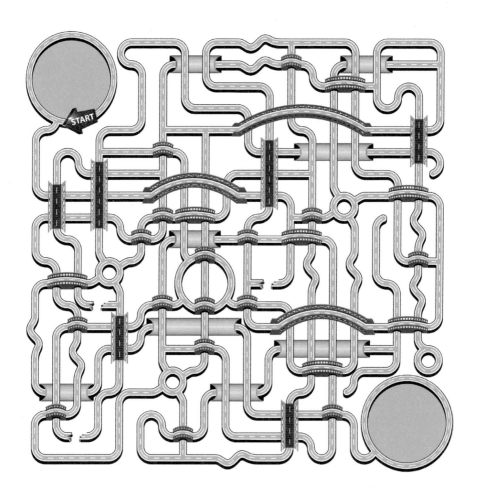

해답 : 224p

안녕, 오늘

돈이든 사람이든,
흘러 넘칠 때 잘 담아놓아라. 그렇지 않으면 꼭 후회할 일이 생길 것이다.

−양지연

● To Do List
오늘 할 일을 내일로 미루면 내일은 더 달려야 한다

☐ _____
☐ _____
☐ _____
☐ _____
☐ _____
☐ _____
☐ _____
☐ _____

꼭 기억해야 하는 일은 ✿로 체크하세요

● Reminders
오늘의 약속을 적어 보세요

● Memo

Thank you!
오늘의 감사한 일을 적어 보세요

● Note

미로 찾기

-하나 더 준비했어.
Let's go

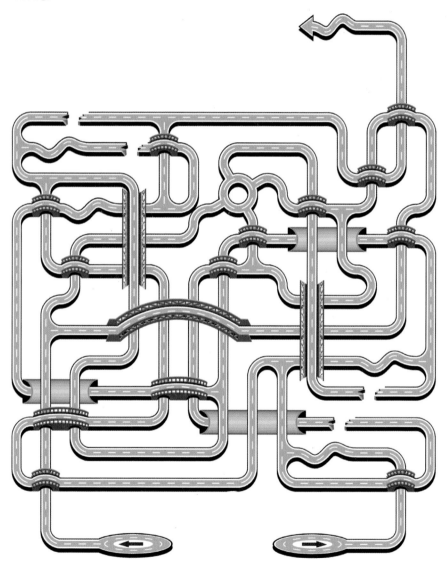

해답 : 224p

안녕, 오늘

내 일에 자신이 없다면
빨리 포기하던가! 끝까지 가보던가!

−양지연

To Do List

오늘 할 일을 내일로 미루면 내일은 더 달려야 한다

☐ _____
☐ _____
☐ _____
☐ _____
☐ _____
☐ _____
☐ _____
☐ _____

꼭 기억해야 하는 일은 ✿로 체크하세요

Reminders

오늘의 약속을 적어 보세요

Memo

Thank you!

오늘의 감사한 일을 적어 보세요

Note

틀린 그림 찾기

-시간이 있다면 색도 입혀 주세요.

짜짠~ 왼쪽, 오른쪽 눈운동을 도와줄 거야.
색칠까지 하면 더 힐링될 거야.

해답 : 225p

DATE ．　．
M T W T F S S

안녕, 오늘

Myfeeling

VG G SO B VB

지금은 눈에 보이지 않더라도
오늘 네가 해낸 작은 일들은 반드시 나타난다.

―양지연

To Do List

오늘 할 일을 내일로 미루면 내일은 더 달려야 한다

- [ ] _____
- [ ] _____
- [ ] _____
- [ ] _____
- [ ] _____
- [ ] _____
- [ ] _____
- [ ] _____

꼭 **기억**해야 하는 일은 ☆로 **체크**하세요

Reminders

오늘의 약속을 적어 보세요

Memo

Thank you!

오늘의 감사한 일을 적어 보세요

Note

미로 찾기

-짜잔~ 집중력 강화훈련
어서와~ 동안 두뇌의 필수 아이템이지?

해답 : 225p

DATE   .   .

M T W T F S S

안녕, 오늘

오늘은 당신의 최고의 날입니다,
행운 당첨!!

-양지연

To Do List

오늘 할 일을 내일로 미루면 내일은 더 달려야 한다

☐ _____
☐ _____
☐ _____
☐ _____
☐ _____
☐ _____
☐ _____
☐ _____

꼭 기억해야 하는 일은 ✿로 체크하세요

Reminders

오늘의 약속을 적어 보세요

Memo

Thank you!

오늘의 감사한 일을 적어 보세요

Note

숫자 채우기

-비어진 칸에 알맞은 숫자를 채워 보세요.
이거 맞추는 당신은 동안두뇌 인증!

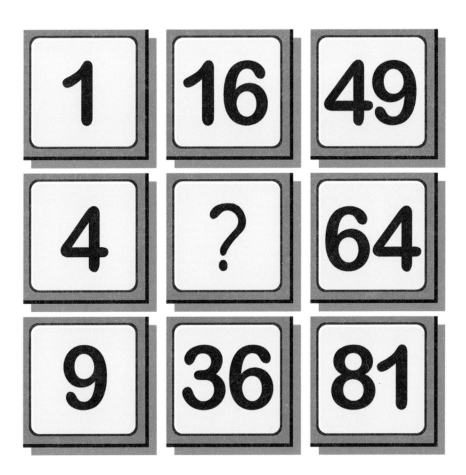

해답 : 225p

안녕, 오늘

어리석은 청춘을 보내지 않은 사람이 누가 있겠어요.
그래도 그때가 재미있었던 것 같아요.

−로런 그로프

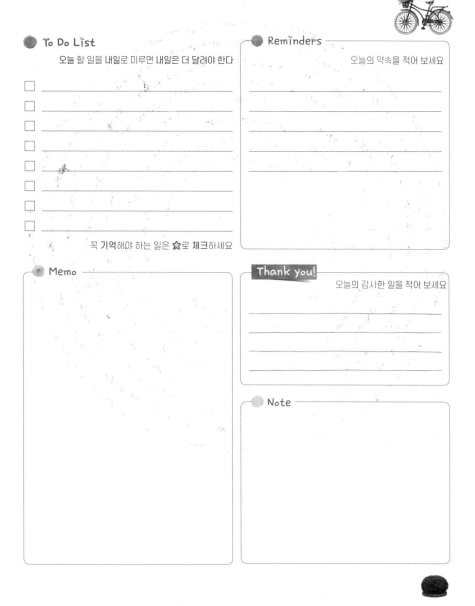

● To Do List

오늘 할 일을 내일로 미루면 내일은 더 달려야 한다

☐ _____
☐ _____
☐ _____
☐ _____
☐ _____
☐ _____
☐ _____
☐ _____

꼭 **기억**해야 하는 일은 ☆로 **체크**하세요

● Reminders

오늘의 약속을 적어 보세요

● Memo

Thank you!

오늘의 감사한 일을 적어 보세요

● Note

미로 찾기

-어질어질~ 출구를 향해
 Let's go

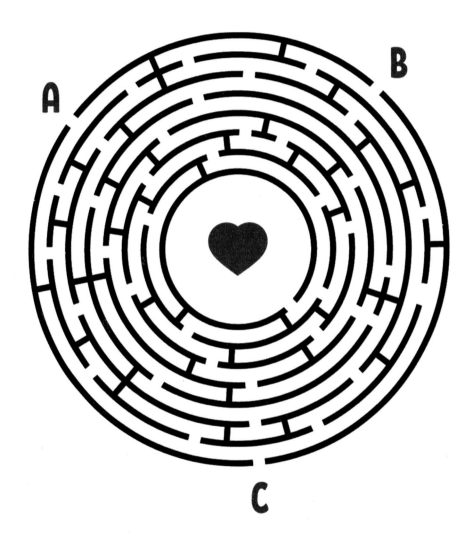

해답 : 226p

DATE   .   .

M T W T F S S

안녕, 오늘

나는 내가 신뢰할 수 있는 유일한 벗이다.

-테렌스

● To Do List

오늘 할 일을 내일로 미루면 내일은 더 달려야 한다

- ☐ _____
- ☐ _____
- ☐ _____
- ☐ _____
- ☐ _____
- ☐ _____
- ☐ _____
- ☐ _____

꼭 기억해야 하는 일은 ☆로 체크하세요

● Reminders

오늘의 약속을 적어 보세요

● Memo

Thank you!

오늘의 감사한 일을 적어 보세요

● Note

이상한데 이해되는 넌센스 계산

[해답]

1번 $11 \times 11 = 4$ $(1+1) \times (1+1) = 4$

            $22 \times 22 = 16$ $(2+2) \times (2+2) = 16$

            $33 \times 33 = ???$ $(3+3) \times (3+3) = 36$

2번 $16 + 9 = 1$ 16시 + 9시 = 25시(1시)

            $8 + 6 = 2$ 8시 + 6시 = 14시(2시)

            $14 + 13 = 3$ 14시 + 13시 = 27시(3시)

            $7 + 7 = ???$ 7시 + 7시 = 14시(2시)

3번 $9 \times 8 \times 7 \times 6 \times 5 \times 4 \times 3 \times 2 \times 1 \times 0 = ???$ 0을 곱하므로 0

4번 $8 = 56$ $8 \times 7 = 56$

            $7 = 42$ $7 \times 6 = 42$

            $6 = 30$ $6 \times 5 = 30$

            $5 = 20$ $5 \times 4 = 20$

            $3 = ???$ $3 \times 3 = 9$

DATE   .   .

M T W T F S S

안녕, 오늘

● Myfeeling

VG   G   SO   B   VB

재능은 꽃 피우는 것
센스는 갈고 닦는 것
-하이큐

● **To Do List**

     오늘 할 일을 내일로 미루면 내일은 더 달려야 한다

☐ _____

☐ _____

☐ _____

☐ _____

☐ _____

☐ _____

☐ _____

☐ _____

     꼭 기억해야 하는 일은 ☆로 체크하세요

● Reminders

     오늘의 약속을 적어 보세요

_____

_____

_____

_____

_____

_____

_____

● Memo

● Thank you!

     오늘의 감사한 일을 적어 보세요

_____

_____

_____

_____

● Note

숫자 맞추기

-치매예방 퀴즈
두뇌활성화 운동

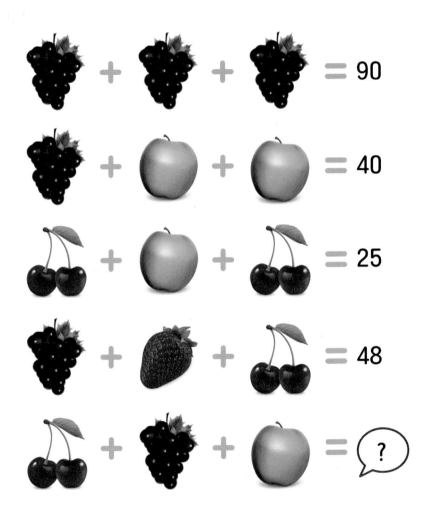

해답 : 226p

DATE ．　．
M T W T F S S

안녕, 오늘

My feeling

VG　G　SO　B　VB

내 속에 나태함과 게으름이 나오지 못하게
신은 나에게 '바쁨'을 주셨다.
−양지연

To Do List
오늘 할 일을 내일로 미루면 내일은 더 달려야 한다

- ☐ _____
- ☐ _____
- ☐ _____
- ☐ _____
- ☐ _____
- ☐ _____
- ☐ _____
- ☐ _____

꼭 기억해야 하는 일은 ✿로 체크하세요

Reminders
오늘의 약속을 적어 보세요

Memo

Thank you!
오늘의 감사한 일을 적어 보세요

Note

미로 찾기

-난이도 최상.
 이건 시간 많고 할 일 없을 때 도전하시길!

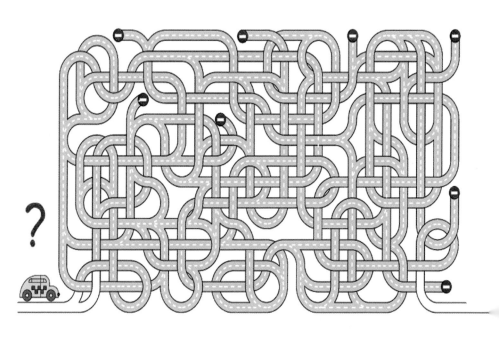

해답 : 226p

안녕, 오늘

나는 운이 강한 사람이다.
나의 운을 믿어라.

-양지연

⬤ To Do List

오늘 할 일을 내일로 미루면 내일은 더 달려야 한다

- [ ] _____
- [ ] _____
- [ ] _____
- [ ] _____
- [ ] _____
- [ ] _____
- [ ] _____
- [ ] _____

꼭 기억해야 하는 일은 ✿로 체크하세요

⬤ Reminders

오늘의 약속을 적어 보세요

⬤ Memo

Thank you!

오늘의 감사한 일을 적어 보세요

⬤ Note

내 마음 찾기

: 지금 나의 마음은?
 생각나는 내 기분에
 동그라미쳐 봐. 내 마음 점검!

기적 같은 날
걱정 많은 걱정인형
감사하고 감사하다
흔들리는 갈대
Happy
엄마가 보고싶은 날
나를 믿는 확신
혼자서도 충분해
설레입니다
보고 싶은 너

내 멘탈은 어디에?
Love
기운찬 호랑이
실낱같은 희망
햇살 좋은 하루
Hope
누군가가 필요한 날
웃고 있는 삐에로
miracle
누군가가 기다려진다
기대고 싶은 지금
잔잔한 호수

반짝 빛나는 지금
행복에 취한 지금
trust
기운Up이 필요해
내 마음의 물음표
바람부는 내 마음
좋은 에너지
펑펑 울고 싶다

안녕, 오늘

My feeling

VG G SO B VB

오늘도 나는 나를 응원한다.
세상에서 하나뿐인 나니까.

－양지연

To Do List

오늘 할 일을 내일로 미루면 내일은 더 달려야 한다

- [ ] _____
- [ ] _____
- [ ] _____
- [ ] _____
- [ ] _____
- [ ] _____
- [ ] _____
- [ ] _____

꼭 기억해야 하는 일은 ✿로 체크하세요

Reminders

오늘의 약속을 적어 보세요

Memo

Thank you!

오늘의 감사한 일을 적어 보세요

Note

단순 초집중

-보이는 글자의 색을 읽어 보세요.

노랑 검정 빨강 파랑 초록

검정 파랑 초록 노랑 빨강

빨강 초록 노랑 검정 파랑

초록 빨강 파랑 노랑 검정

파랑 노랑 검정 초록 빨강

DATE ___ . ___ . ___
M T W T F S S

안녕, 오늘

My feeling

VG G SO B VB

가진 것이 없다고 불평하지 말라.
나의 몸과 지식이 최대 무기이다.
—양지연

To Do List
노늘 할 일을 내일로 미루면 내일은 더 달려야 한다

- [ ] _____
- [ ] _____
- [ ] _____
- [ ] _____
- [ ] _____
- [ ] _____
- [ ] _____
- [ ] _____

꼭 기억해야 하는 일은 ☆로 체크하세요

Reminders
오늘의 약속을 적어 보세요

Memo

Thank you!
오늘의 감사한 일을 적어 보세요

Note

점 잇기

-잠시 쉬어 가자. 단순하게 놀자.
숫자 순서대로 점을 이어보세요. 색까지 입혀주세요.

안녕, 오늘

Myfeeling

VG G SO B VB

과거는 흘러갔고 어쩔 수 없는 거야, 그렇지?
세상이 널 힘들게 할 땐 신경 끄고 사는 게 상책이야.

―라이온 킹

To Do List

오늘 할 일을 내일로 미루면 내일은 더 달려야 한다

☐ _____
☐ _____
☐ _____
☐ _____
☐ _____
☐ _____
☐ _____
☐ _____

꼭 기억해야 하는 일은 ☆로 체크하세요

Reminders

오늘의 약속을 적어 보세요

Memo

Thank you!

오늘의 감사한 일을 적어 보세요

Note

점 잇기

-숫자 순서대로 점을 이어보세요. 색까지 입혀 주세요.
　어릴 때 참 많이 하던 추억놀이

DATE . .

M T W T F S S

안녕, 오늘

꿈의 직장을 찾기 전에
너의 몸값을 올려라

—양지연

To Do List

오늘 할 일을 내일로 미루면 내일은 더 달려야 한다

☐ _____
☐ _____
☐ _____
☐ _____
☐ _____
☐ _____
☐ _____
☐ _____

꼭 기억해야 하는 일은 ☆로 체크하세요

Reminders

오늘의 약속을 적어 보세요

Memo

Thank you!

오늘의 감사한 일을 적어 보세요

Note

누구에게나 똑같이 주어지는 시간
어떻게 사느냐에 따라
저마다의 인생이 달라진다.

다 아는 사실인데
왜 어렵지??

안녕, 오늘

이걸 기억하겠다고 약속해줘.

넌 네가 믿는 것보다 더 용감하며, 보기보다 강하고 네 생각보다 더 똑똑하단 걸!

－곰돌이 푸

● To Do List

오늘 할 일을 내일로 미루면 내일은 더 달려야 한다

- ☐ _____
- ☐ _____
- ☐ _____
- ☐ _____
- ☐ _____
- ☐ _____
- ☐ _____
- ☐ _____

꼭 기억해야 하는 일은 ☆로 체크하세요

● Reminders

오늘의 약속을 적어 보세요

● Memo

Thank you!

오늘의 감사한 일을 적어 보세요

● Note

가로 세로 숫자 게임

-주의사항 : 세상 복잡한 일 있을 때 풀면 이 문제들에서도 오답 속출 예상

해답 : 227p

DATE ___ . ___ . ___

M T W T F S S

안녕, 오늘

My feeling

VG G SO B VB

살면서 미쳤다는 말을 들어보지 못했다면
너는 단 한번도 목숨 걸고 도전한 적이 없었던 것이다.
-w.볼튼

To Do List

오늘 할 일을 내일로 미루면 내일은 더 달려야 한다

- ☐ _____
- ☐ _____
- ☐ _____
- ☐ _____
- ☐ _____
- ☐ _____
- ☐ _____
- ☐ _____

꼭 기억해야 하는 일은 ☆로 체크하세요

Reminders

오늘의 약속을 적어 보세요

Memo

Thank you!

오늘의 감사한 일을 적어 보세요

Note

추억의 스도쿠

- 벌집 하나에 1~7이 골고루 들어가야 함. 가로 숫자가 겹치지 않아야 함.

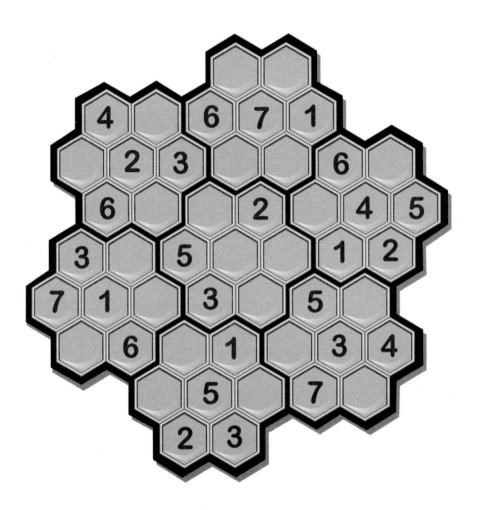

해답 : 227p

DATE　　　.　　.

M T W T F S S

안녕, 오늘

Myfeeling

VG　G　SO　B　VB

인생은 어디로 가느냐보다
누구와 함께 하는지가 중요하다.

−양지연

To Do List

오늘 할 일을 내일로 미루면 내일은 더 달려야 한다

- [ ] _____
- [ ] _____
- [ ] _____
- [ ] _____
- [ ] _____
- [ ] _____
- [ ] _____
- [ ] _____

꼭 기억해야 하는 일은 ☆로 체크하세요

Reminders

오늘의 약속을 적어 보세요

Memo

Thank you!

오늘의 감사한 일을 적어 보세요

Note

QUIZ!

-영어를 몰라도 도전할 수 있음
밑에 단어 찾아 선잇기. 은근 최강 집중

A	S	M	I	N	C	O	L	Y	T
L	U	V	I	M	E	P	H	A	L
L	R	E	A	S	T	S	P	I	E
O	U	L	A	P	R	H	P	N	S
S	A	O	R	N	O	U	O	O	U
A	R	C	A	O	D	S	L	S	R
N	O	I	S	A	U	R	O	A	U
K	T	R	A	R	C	H	I	A	S
Y	P	A	T	S	U	L	A	T	U
L	O	S	A	U	R	A	R	U	R

ALLOSAURUS
ANKYLOSAURUS
ASTRODON
MINMI
PARASAUROLOPHI
SPINOSAURUS
TALARURUS
TARCHIA
TYLOCEPHALE
VELOCIRAPTOR

-주의:
다른 일 못할 수 있음
핸드폰 생각 안 남
시간이 금방 감

해답 : 228p

DATE . .

M T W T F S S

안녕, 오늘

Myfeeling

VG G SO B VB

어디를 가든지
마음을 다해 가라.

―공자

● To Do List

오늘 할 일을 내일로 미루면 내일은 더 달려야 한다

- [ ] _____
- [ ] _____
- [ ] _____
- [ ] _____
- [ ] _____
- [ ] _____
- [ ] _____
- [ ] _____

꼭 기억해야 하는 일은 ✿로 체크하세요

● Reminders

오늘의 약속을 적어 보세요

● Memo

Thank you!

오늘의 감사한 일을 적어 보세요

● Note

A	P	R	I	S	U	N	L	G	R
S	U	E	L	T	H	G	I	S	E
E	L	S	S	U	O	H	D	O	E
E	B	K	E	F	B	I	R	W	N
D	S	Y	N	R	E	S	S	I	G
L	T	S	E	E	N	G	G	N	R
I	N	G	S	S	H	A	S	S	A
B	C	H	N	E	D	R	M	A	Y
L	R	A	M	H	T	W	O	R	G
O	S	S	O	M	Y	O	U	N	G

APRIL	MARCH
BIRDHOUSE	MAY
BLOSSOM	NESTLINGS
BLUE SKY	SEEDS
FRESHNESS	SOWING
GARDEN	SUNLIGHT
GREEN GRASS	YOUNG GROWTH

한 번 더 도전!

안녕, 오늘

세상에서 가장 지혜로운 사람은 배우는 사람이고
세상에서 가장 행복한 사람은 감사하는 사람이다.
-탈무드

To Do List

오늘 할 일을 내일로 미루면 내일은 더 달려야 한다

- [ ] _____
- [ ] _____
- [ ] _____
- [ ] _____
- [ ] _____
- [ ] _____
- [ ] _____
- [ ] _____

꼭 기억해야 하는 일은 ☆로 체크하세요

Reminders

오늘의 약속을 적어 보세요

Memo

Thank you!

오늘의 감사한 일을 적어 보세요

Note

Level up 도전!
You can do it

ASSUME
BALLOON
~~BANANA~~
BROAD
BURRO
CALF
CAREER
CRANE
CROWD
DANCE
DINNER
DIVER
DRAMA
DRIVE
ELBOW
EPIGRAPH
FRIEND
GOLF
GRAIN
HYENA
INCA
INCH
INSERT

ISLAND
LORGNETTE
MAESTRO
MAIL
MIRROR
MULTIPLICATION
NEIGHBORHOOD
NEPHEW
NIGHT
NOISE
OFFER
OIL
ORCHESTRA
RECORD
SEAWEED
SHARP
SILENT
STORE
TRIVIA
WHEAT
WIDTH
ZINC

해답 : 229p

```
B A L L O O N D A N C E
Z D C R O W D O I L A P
M I R R O R H S I V R I
U N N B O D G E H S E G
L N L C F B R N A A E R
T E E L F R A A E T R A
I R A L E O I S M T N P
P C O N R A N E S A T H
L G A R I D M E N U T E
I R U V N T R A P D M S
C B I A H O B I I H A E
A R L G T Y I W V L E A
T S I S I L E N T E S W
I N S E R T I N C A T E
O R C H E S T R A H R E
N E I G H B O R H O O D
```

안녕, 오늘

My feeling _____

VG G SO B VB

돈 되는 일이 먼저일까?
심장 뛰는 일이 먼저일까?
—양지연

To Do List

오늘 할 일을 내일로 미루면 내일은 더 달려야 한다

- [ ] _____
- [ ] _____
- [ ] _____
- [ ] _____
- [ ] _____
- [ ] _____
- [ ] _____
- [ ] _____

꼭 **기억**해야 하는 일은 ☆로 **체크**하세요

Reminders

오늘의 약속을 적어 보세요

Memo

Thank you!

오늘의 감사한 일을 적어 보세요

Note

과일

ㅍㄷ	ㅂㅅㅇ
ㅁㄱ	ㄷㅁㅌ
ㅅㅂ	ㅇㄹㅈ
ㅊㅇ	ㅍㅇㅇㅍ
ㅅㄱ	ㅅㅇㅁㅅㅋ
ㅇㄷ	ㅂㅇㅌㅁㅌ
ㄸㄱ	ㅁㄹㄱㄷㅈㅁ

해답 : 229p

안녕, 오늘

불가능을 가능으로 바꿀 수 있는 마법!
내 생각의 차이

-양지연

● To Do List

오늘 할 일을 내일로 미루면 내일은 더 날려야 한다

☐ _____
☐ _____
☐ _____
☐ _____
☐ _____
☐ _____
☐ _____
☐ _____

꼭 기억해야 하는 일은 ☆로 체크하세요

● Reminders

오늘의 약속을 적어 보세요

● Memo

Thank you!

오늘의 감사한 일을 적어 보세요

● Note

틀린 그림 찾기

-보고만 있어도 귀여운 그림 눈운동 Start

해답 : 230p

안녕, 오늘

My feeling

VG G SO B VB

풍요 속에서는 친구들이 나를 알게 되고
역경 속에서는 내가 친구를 알게 된다.
–존 철튼 콜린스

To Do List

오늘 할 일을 내일로 미루면 내일은 더 달려야 한다

- [ ] _____
- [ ] _____
- [ ] _____
- [ ] _____
- [ ] _____
- [ ] _____
- [ ] _____
- [ ] _____

꼭 기억해야 하는 일은 ☆로 체크하세요

Reminders

오늘의 약속을 적어 보세요

Memo

Thank you!

오늘의 감사한 일을 적어 보세요

Note

틀린 그림 찾기

해답 : 230p

안녕, 오늘

My feeling

VG   G   SO   B   VB

남들보다 더 잘하려고 고민하지 마라.
지금의 나보다 잘하려고 애쓰는 게 더 중요하다.
-윌리엄 포크너

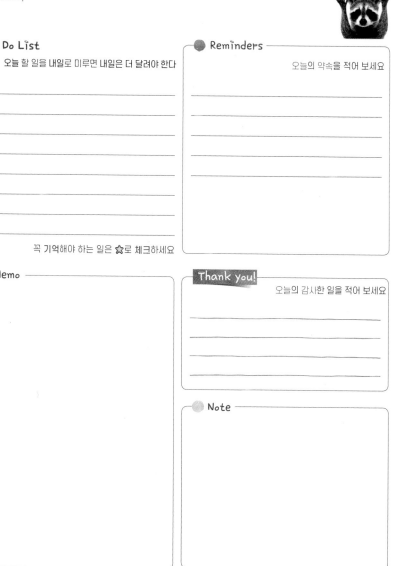

To Do List

오늘 할 일을 내일로 미루면 내일은 더 달려야 한다

☐ _____
☐ _____
☐ _____
☐ _____
☐ _____
☐ _____
☐ _____
☐ _____

꼭 기억해야 하는 일은 ✿로 체크하세요

Reminders

오늘의 약속을 적어 보세요

Memo

Thank you!

오늘의 감사한 일을 적어 보세요

Note

눈동자 운동

-잠시 쉬어 가세요.
　오른쪽 화살표와 왼쪽 화살표를 번갈아 쳐다보며 눈동자를 굴려 운동해요.

DATE   .   .

M T W T F S S

안녕, 오늘

Myfeeling

VG G SO B VB

세상에서 가장 힘들고 중요한 건
마지막 1분 그 한계의 순간이 아닐까.

—김연아

To Do List

오늘 할 일을 내일로 미루면 내일은 더 달려야 한다

☐ _____
☐ _____
☐ _____
☐ _____
☐ _____
☐ _____
☐ _____
☐ _____

꼭 기억해야 하는 일은 ☆로 체크하세요

Reminders

오늘의 약속을 적어 보세요

Memo

Thank you!

오늘의 감사한 일을 적어 보세요

Note

당신의 심정 찾기

-제일 먼저 보이는 단어가 당신의 심정입니다.

쿵	연	미	간	식	혀	여	해	직	업
말	인	복	권	다	센	유	트	경	품
난	는	호	칼	퇴	스	연	친	구	화
숙	면	고	와	떨	휴	대	폰	와	톡
그	착	앞	인	신	상	빠	건	강	써
인	기	드	용	반	케	보	너	스	미
화	성	공	기	려	노	트	북	를	지
원	해	주	택	견	행	으	미	모	혜
영	승	진	리	예	복	기	회	인	아
패	비	서	재	물	일	결	혼	정	이

DATE   .   .

M T W T F S S

안녕, 오늘

Myfeeling

VG   G   SO   B   VB

역경을 이겨내고 핀 꽃이
제일 아름다운 꽃이니라.
—뮬란

To Do List

오늘 할 일을 내일로 미루면 내일은 더 달려야 한다

- [ ] _____
- [ ] _____
- [ ] _____
- [ ] _____
- [ ] _____
- [ ] _____
- [ ] _____
- [ ] _____

꼭 기억해야 하는 일은 ☆로 체크하세요

Reminders

오늘의 약속을 적어 보세요

Memo

Thank you!

오늘의 감사한 일을 적어 보세요

Note

나 혼자 끝말 잇기

-아무 단어나 시작하여 끝까지 써보세요

무지개 → 개나리 → 리어카 → 카메라 → 라디오 → 오디

디스코 → 코리아 → 아기고양이 → 이빨 → 빨대 → 대나무

→	→	→	→	→
→	→	→	→	→
→	→	→	→	→
→	→	→	→	→
→	→	→	→	

→	→	→	→	→
→	→	→	→	→
→	→	→	→	→
→	→	→	→	→
→	→	→	→	→
→	→	→	→	→
→	→	→	→	

안녕, 오늘

친구 따라 가는 것에
너의 인생까지 맡기지는 말자.

—양지연

To Do List

오늘 할 일을 내일로 미루면 내일은 더 달려야 한다

- ☐ _____
- ☐ _____
- ☐ _____
- ☐ _____
- ☐ _____
- ☐ _____
- ☐ _____
- ☐ _____

꼭 기억해야 하는 일은 ✿로 체크하세요

Reminders

오늘의 약속을 적어 보세요

Memo

Thank you!

오늘의 감사한 일을 적어 보세요

Note

나 혼자 끝말 잇기

-은근 재밌어서 한번 더 Go~

→	→	→	→	→
→	→	→	→	→
→	→	→	→	→
→	→	→	→	→
→	→	→	→	→
→	→	→	→	→
→	→	→	→	

→	→	→	→	→
→	→	→	→	→
→	→	→	→	→
→	→	→	→	→
→	→	→	→	→
→	→	→	→	→
→	→	→	→	

안녕, 오늘

My feeling

VG G SO B VB

또 실패했는가?
괜찮다. 다시 실행하라. 그리고 더 나은 실패를 해라.

−사뮈엘 베케트

To Do List

오늘 할 일을 내일로 미루면 내일은 더 달려야 한다

- [ ] _____
- [ ] _____
- [ ] _____
- [ ] _____
- [ ] _____
- [ ] _____
- [ ] _____
- [ ] _____

꼭 기억해야 하는 일은 ☆로 체크하세요

Reminders

오늘의 약속을 적어 보세요

Memo

Thank you!

오늘의 감사한 일을 적어 보세요

Note

1인 2역 나홀로 오목

- 검정돌과 흰돌을 가로, 세로, 대각선으로 5개 줄로 먼저 만들면 승리
  왼손 검정돌, 오른손 흰돌 하는 건 어때?

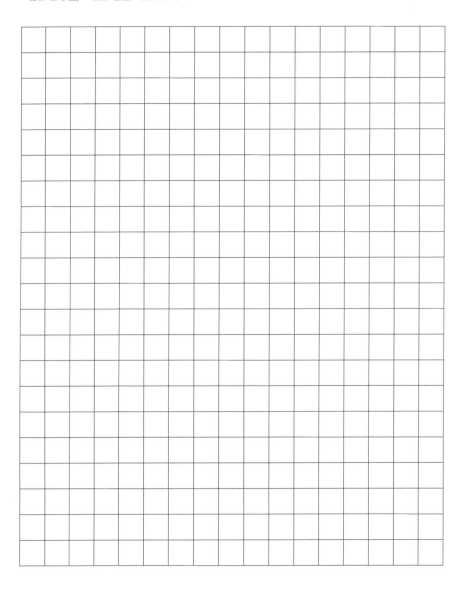

안녕, 오늘

혼자도 지키지 못한 비밀은 말하지 마.
말하는 순간 소문이 돼.

－양지연

● **To Do List**

오늘 할 일을 내일로 미루면 내일은 더 달려야 한다

- ☐ _____
- ☐ _____
- ☐ _____
- ☐ _____
- ☐ _____
- ☐ _____
- ☐ _____
- ☐ _____

꼭 기억해야 하는 일은 ✿로 체크하세요

● **Reminders**

오늘의 약속을 적어 보세요

_____
_____
_____
_____
_____

● **Memo**

Thank you!

오늘의 감사한 일을 적어 보세요

_____
_____
_____
_____

● **Note**

1인 2역 나 홀로 오목

-혼자 놀면 초집중하게 되는 게임

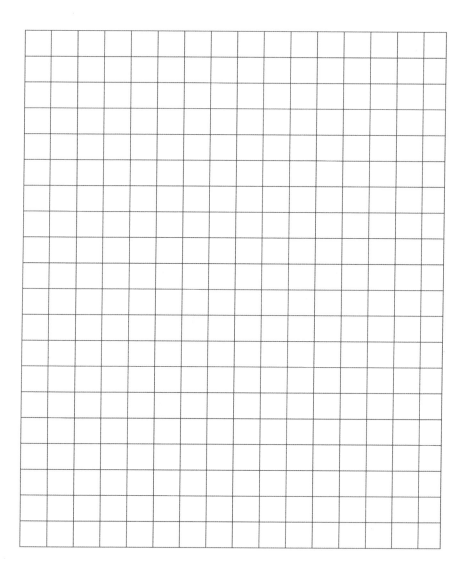

안녕, 오늘

할 수 있다고 믿는 사람은 그렇게 되고
할 수 없다고 믿는 사람 역시 그렇게 된다.

—샤를 드골

To Do List

오늘 할 일을 내일로 미루면 내일은 더 달려야 한다

☐ _____

☐ _____

☐ _____

☐ _____

☐ _____

☐ _____

☐ _____

☐ _____

꼭 기억해야 하는 일은 ☆로 체크하세요

Reminders

오늘의 약속을 적어 보세요

Memo

Thank you!

오늘의 감사한 일을 적어 보세요

Note

03

더 알아가는
하루

내 마음 집중하기

소소하지만 확실한 행복

향이 좋은 바디 워시로 샤워할 때
하루 일과가 시작되기 전 마시는 커피 한 잔
다음 날 입을 옷이나 메이크업을 준비할 때
직접 만든 음식을 예쁘게 플레이팅해서 사진 찍을 때
자기 전 누워서 웹툰 볼 때
이 책을 펴고 끄적거릴 때

당신만의 소확행은?

DATE   .   .

M T W T F S S

안녕, 오늘

Myfeeling

VG G SO B VB

가식 떨지 마.

있는 그대로의 너가 제일 예뻐.

오늘도 너 참 예쁘다.

—양지연

To Do List

오늘 할 일을 내일로 미루면 내일은 더 달려야 한다

☐ _____

☐ _____

☐ _____

☐ _____

☐ _____

☐ _____

☐ _____

☐ _____

꼭 기억해야 하는 일은 ☆로 체크하세요

Reminders

오늘의 약속을 적어 보세요

Memo

Thank you!

오늘의 감사한 일을 적어 보세요

Note

세상은 내 사정을 봐주지 않아요.
운만 기대하지 마세요.
요행만 바라지 마세요.
힘들겠지만
노력이 최선인 세상입니다.

DATE . .
M T W T F S S

안녕, 오늘

My feeling

VG G SO B VB

누구나 뭐든 될 수 있으니까.
그 누구도 내 꿈에 대해 이러쿵저러쿵하지 못해.

—주토피아

● To Do List

오늘 할 일을 내일로 미루면 내일은 더 달려야 한다

- [ ] _____
- [ ] _____
- [ ] _____
- [ ] _____
- [ ] _____
- [ ] _____
- [ ] _____
- [ ] _____

꼭 **기억**해야 하는 일은 ☆로 **체크**하세요

● Reminders

오늘의 약속을 적어 보세요

● Memo

Thank you!

오늘의 감사한 일을 적어 보세요

● Note

여러분이 가지지 못한 것에 대한 욕망으로
가진 것을 망치지 마세요.
지금 여러분이 가지고 있는 것도
한때는 열망했던 것들 중
하나였던 것을 기억하세요.

― 에피쿠로스

당신이 갖고 싶지만 가지지 못한 것은 어떤 걸까요?

그렇다면 그것을 가지기 위해 당신은 어떤 노력을 하셨나요?

많은 노력을 했지만 그래도 가지지 못하는 것이라면,

그래요. 고생하셨어요.

하지만 당신에게는 그것보다 더 많은 것들이 존재해요.

가만히 눈을 감고 생각해 보세요.

당신만이 가지고 있는 보석을 말이에요.

안녕, 오늘

살면서 멍 때리는 시간은 필요하다.
하지만 그 시간이 길면 진짜 멍 때리는 일만 생긴다.
−양지연

● To Do List

오늘 할 일을 내일로 미루면 내일은 더 달려야 한다

☐ _____

☐ _____

☐ _____

☐ _____

☐ _____

☐ _____

☐ _____

☐ _____

꼭 기억해야 하는 일은 ☆로 체크하세요

● Reminders

오늘의 약속을 적어 보세요

● Memo

Thank you!

오늘의 감사한 일을 적어 보세요

● Note

목표를 달성하는 방법에 대해
버리라고 할 만한 것 하나를 소개하면
그것은 집중하는 것이다.
목표를 달성하는 사람들은
중요한 것부터 먼저 하고
한 번에 한 가지 일만 수행한다.

－피터 드러커

당신이 달성하고 싶은 목표는 어떤 것일까요?
그 목표를 달성하기 위해 버려야 할 것들도 있을 것이고
그 목표만을 위해 집중해야 할 것들도 있을 거예요.
차분히 생각을 정리해 봅시다.

DATE . .

M T W T F S S

안녕, 오늘

My feeling

VG   G   SO   B   VB

아주 많은 친구들이 있었다.
내가 잘 나갈 때는…

—양지연

● To Do List

오늘 할 일을 내일로 미루면 내일은 더 달려야 한다

☐ _____
☐ _____
☐ _____
☐ _____
☐ _____
☐ _____
☐ _____
☐ _____

꼭 **기억**해야 하는 일은 ☆로 **체크**하세요

● Reminders

오늘의 약속을 적어 보세요

● Memo

Thank you!

오늘의 감사한 일을 적어 보세요

● Note

🦋 당신이 특별한 이유

무조건 5가지 채워 넣기

....

....

....

....

....

🌷 당신의 특별함을 더 특별하게 하기 위한 노력

....

....

....

....

....

....

....

....

....

....

....

당신은 특별한 사람입니다.
누구도 대체할 수 없는 당신을 존경합니다. 사랑해요.

DATE . .

M T W T F S S

안녕, 오늘

Myfeeling
_____
VG G SO B VB

사랑이란 다른 사람이 원하는 걸
네가 원하는 것보다 우선 순위에 놓는 거야.

−겨울왕국

To Do List

오늘 할 일을 내일로 미루면 내일은 더 달려야 한다

- [ ] _____
- [ ] _____
- [ ] _____
- [ ] _____
- [ ] _____
- [ ] _____
- [ ] _____
- [ ] _____

꼭 기억해야 하는 일은 ☆로 체크하세요

Reminders

오늘의 약속을 적어 보세요

_____
_____
_____
_____
_____
_____

Memo

Thank you!

오늘의 감사한 일을 적어 보세요

_____
_____
_____
_____

Note

"당신은 평~생 예뻐요."

DATE ___ . ___ . ___

M T W T F S S

안녕, 오늘

늘 명심하라. 실패는 중요하지 않다.
중요한 건 당신의 결심, 성공하겠다는 당신의 의지다.
―에이브러햄 링컨

To Do List
오늘 할 일을 내일로 미루면 내일은 더 달려야 한다

- ☐ _____
- ☐ _____
- ☐ _____
- ☐ _____
- ☐ _____
- ☐ _____
- ☐ _____
- ☐ _____

꼭 **기억**해야 하는 일은 ☆로 **체크**하세요

Reminders
오늘의 약속을 적어 보세요

Memo

Thank you!
오늘의 감사한 일을 적어 보세요

Note

끄적거리고 찢어 버리는
감정 쓰레기통

화 나고 속상하고 짜증나고 실망하고
기분이 나쁘고 열받을 때는 버리세요.

안녕, 오늘

꿈이 없는 시간도 응원한다.
칼을 가는 시간이 더 중요하므로
−양지연

● To Do List

오늘 할 일을 내일로 미루면 내일은 더 달려야 한다

- ☐ _____
- ☐ _____
- ☐ _____
- ☐ _____
- ☐ _____
- ☐ _____
- ☐ _____
- ☐ _____

꼭 기억해야 하는 일은 ☆로 체크하세요

● Reminders

오늘의 약속을 적어 보세요

● Memo

Thank you!

오늘의 감사한 일을 적어 보세요

● Note

비어 있는 여자의 표정을 채워 보세요.

DATE . .

M T W T F S S

안녕, 오늘

● My feeling _____

VG G SO B VB

누구도 자신의 어제를 바꿀 수는 없다.
하지만 우리 모두 자신의 내일은 바꿀 수 있다.

─콜린 파월

● **To Do List**

오늘 할 일을 내일로 미루면 내일은 더 달려야 한다

☐ _____
☐ _____
☐ _____
☐ _____
☐ _____
☐ _____
☐ _____
☐ _____

꼭 **기억**해야 하는 일은 ☆로 **체크**하세요

● Reminders

오늘의 약속을 적어 보세요

● Memo

Thank you!

오늘의 감사한 일을 적어 보세요

● Note

내가 제일 좋아하는 동성 연예인 BEST 3　　　좋아하는 이유

....　　　　▶　　　...

....　　　　　　　...

....　　　　　　　...

내 자신을 바꾸려 하지 마세요.

하지만 내가 좋아하는 동성 연예인에게서

내가 좋아하는 모습을 찾을 수 있다면,

그 부분을 UP 시킬 수 있는 강점을 찾아 봅시다.

EX)

웃는 모습이 예쁜 A 씨　　예쁜 웃음을 좋아하는 당신
　　　　　　　　　　　　당신에게 나올 수 있는 가장 예쁜 웃음을 찾기 위해 거울을 드세요.

몸매가 좋은 B 씨　　　　타고 난 건 어쩔 수 없지만 노력을 이길 수는 없어요.
　　　　　　　　　　　　지금 당장 스트레칭부터 시작합시다.

화장을 잘 하는 C 씨　　너무 좋아진 세상. 사방에 깔린 메이크업 팁
　　　　　　　　　　　　요즘은 메이크업도 연습이에요. 유튜브나 인터넷만 봐도 모든 정보가 나와 있답니다.

노래를 잘하는 D 씨　　연습만으로 되지 않는다면
　　　　　　　　　　　　좋아하는 노래 LIST를 만들어 가사라도 외웁시다.

나의 강점 찾기

....

....

....

....

....

안녕, 오늘

My feeling

VG G SO B VB

모든 것들의 한계점은
내 마음이 결정한다.

−양지연

🔴 To Do List

오늘 할 일을 내일로 미루면 내일은 더 달려야 한다

- ☐ _____
- ☐ _____
- ☐ _____
- ☐ _____
- ☐ _____
- ☐ _____
- ☐ _____
- ☐ _____

꼭 기억해야 하는 일은 ☆로 체크하세요

🔴 Reminders

오늘의 약속을 적어 보세요

🔴 Memo

Thank you!

오늘의 감사한 일을 적어 보세요

🔴 Note

전력을 다해서
자신에게 충실하고
올바른 길로 나가라.

참으로 내 생각을
채울 수 있는 것은
나 자신뿐이다.

나를 변화 시킬 수 있는 건 오로지 나뿐이다.

-우렐리우스

안녕, 오늘

My feeling

VG　G　SO　B　VB

꿈꿀 수 있다면 실현도 가능하다.

−월트 디즈니

To Do List

오늘 할 일을 내일로 미루면 내일은 더 달려야 한다

- ☐ _____
- ☐ _____
- ☐ _____
- ☐ _____
- ☐ _____
- ☐ _____
- ☐ _____
- ☐ _____

꼭 **기억**해야 하는 일은 ☆로 **체크**하세요

Reminders

오늘의 약속을 적어 보세요

Memo

Thank you!

오늘의 감사한 일을 적어 보세요

Note

당신이 당신을 아끼고 사랑할수록,
당신은 세상에서 제일 소중해질 거예요.

DATE　　.　　.

M T W T F S S

안녕, 오늘

My feeling

VG　G　SO　B　VB

주저리 주저리 생각나는 대로 써 봐.

거기에 번뜩 하는 순간이 있어. 그 순간이 너의 성공의 지름길이 될 거야.

—양지연

To Do List

오늘 할 일을 내일로 미루면 내일은 더 달려야 한다

☐ _____

☐ _____

☐ _____

☐ _____

☐ _____

☐ _____

☐ _____

☐ _____

꼭 기억해야 하는 일은 ☆로 체크하세요

Reminders

오늘의 약속을 적어 보세요

Memo

Thank you!

오늘의 감사한 일을 적어 보세요

Note

내가 제일 자신있는 음식 BEST 5

1 _____

2 _____

3 _____

4 _____

5 _____

내가 제일 좋아하는 음식 BEST 5

1 _____

2 _____

3 _____

4 _____

5 _____

해 보고 싶은 음식

Memo

_____

_____

_____

_____

_____

_____

_____

_____

_____

_____

안녕, 오늘

My feeling

VG G SO B VB

부정적인 사람을 멀리하라.
평온한 너의 일상도 그를 닮아 간다.

─양지연

To Do List

오늘 할 일을 내일로 미루면 내일은 더 달려야 한다

- [ ] _____
- [ ] _____
- [ ] _____
- [ ] _____
- [ ] _____
- [ ] _____
- [ ] _____
- [ ] _____

꼭 **기억**해야 하는 일은 ✿로 **체크**하세요

Reminders

오늘의 약속을 적어 보세요

Memo

Thank you!

오늘의 감사한 일을 적어 보세요

Note

지금 나의 생활에 대한 만족도

각 카테고리 별 가로 그래프를 만들어 보세요.
해당되는 퍼센트에 점을 찍어 현재 만족도를 살펴 봅시다

										(%)
	10	20	30	40	50	60	70	80	90	100

나의 관리

먹기

입기

자기

직업

사랑

가족관계

대인관계

나혼자의 삶

취미

안녕, 오늘

Myfeeling _____

VG G SO B VB

마음아, 마음아 단단해져라.
어떤 폭우와 비바람이 와도 쓰러지지 않게.

—양지연

To Do List

오늘 할 일을 내일로 미루면 내일은 더 달려야 한다

- ☐ _____
- ☐ _____
- ☐ _____
- ☐ _____
- ☐ _____
- ☐ _____
- ☐ _____
- ☐ _____

꼭 기억해야 하는 일은 ☆로 체크하세요

Reminders

오늘의 약속을 적어 보세요

_____
_____
_____
_____
_____
_____

Memo

Thank you!

오늘의 감사한 일을 적어 보세요

_____
_____
_____
_____

Note

LOVE

프라그마

사랑하는 감정이 목적이 되는 연애보다는 성공이나
다른 목적 달성의 수단을 목적으로 이용하는 형태

아가페

희생하고 헌신하는 이타적인 사랑
무조건적인 사랑을 주며 대가를 바라지 않는 사랑의 형태

마니아

집착, 불안, 독점욕, 질투심으로만 가득한 격정적인 사랑의 형태

루두스

연애를 게임으로 생각하며, 사랑의 감정보다 놀이나 유희로서의 사랑
프라이버시를 침해하거나 사랑하는 감정으로 이루어지는 행동을 참지 못하는 형태

스토르게

부모와 자식 간의 사랑, 형제 간의 우애, 동료로서의 동료 의식
종교적인 믿음 같은 것에 가까운 평온한 형태

에로스

극도로 로맨틱함을 기반으로 하며, 서로에게 도취된 나머지
사랑들 위해서는 뭐든지 할 수 있는 "사랑밖에 난 몰라" 형태

내 사랑의 형태 그래프

그래프에 해당하는 수치만큼
점으로 찍어 보세요
당신의 사랑 형태는?

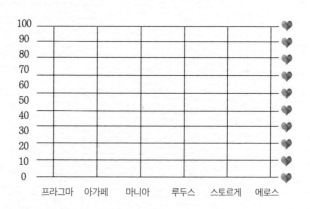

DATE . .

M T W T F S S

안녕, 오늘

My feeling

VG G SO B VB

난 충분히 행복할 가치가 있다.
이 순간에도 나는 행복하다.
—양지연

To Do List

오늘 할 일을 내일로 미루면 내일은 더 달려야 한다

- [ ] _____
- [ ] _____
- [ ] _____
- [ ] _____
- [ ] _____
- [ ] _____
- [ ] _____
- [ ] _____

꼭 **기억**해야 하는 일은 ☆로 **체크**하세요

Reminders

오늘의 약속을 적어 보세요

Memo

Thank you!

오늘의 감사한 일을 적어 보세요

Note

WISH LIST

원하는 목록이나 상품을 목록으로 만들어 놓은 것

목록		중요도
	☐	☆ ☆ ☆ ☆ ☆
	☐	☆ ☆ ☆ ☆ ☆
	☐	☆ ☆ ☆ ☆ ☆
	☐	☆ ☆ ☆ ☆ ☆
	☐	☆ ☆ ☆ ☆ ☆
	☐	☆ ☆ ☆ ☆ ☆
	☐	☆ ☆ ☆ ☆ ☆
	☐	☆ ☆ ☆ ☆ ☆
	☐	☆ ☆ ☆ ☆ ☆
	☐	☆ ☆ ☆ ☆ ☆
	☐	☆ ☆ ☆ ☆ ☆
	☐	☆ ☆ ☆ ☆ ☆
	☐	☆ ☆ ☆ ☆ ☆
	☐	☆ ☆ ☆ ☆ ☆
	☐	☆ ☆ ☆ ☆ ☆
	☐	☆ ☆ ☆ ☆ ☆

DATE . .

M T W T F S S

안녕, 오늘

My feeling

VG G SO B VB

자세히 보아야 예쁘다. 오래 보아야 사랑스럽다.
너도 그렇다.

−그레이스 호퍼

To Do List

오늘 할 일을 내일로 미루면 내일은 더 달려야 한다

- [ ] _____
- [ ] _____
- [ ] _____
- [ ] _____
- [ ] _____
- [ ] _____
- [ ] _____
- [ ] _____

꼭 **기억**해야 하는 일은 ✿로 **체크**하세요

Reminders

오늘의 약속을 적어 보세요

Memo

Thank you!

오늘의 감사한 일을 적어 보세요

Note

Smile

어플과 포토샵으로 수정된 얼굴만 가득하면
진짜 당신의 얼굴은 누가 기억해요?

지금 거울을 들어 보세요.

가장 예쁘게 웃는 연습을 해봅시다.

당신이 살고 있는 세상은 핸드폰이 아니잖아요.
누구에게나 가장 자신 있는 표정으로 인사할 수 있도록

10번만 거울 속의 당신에게 웃어줍시다.

DATE   .   .

M T W T F S S

안녕, 오늘

My feeling

VG G SO B VB

작은 일들에 충실하십시오.
당신을 키우는 힘은 바로 거기에 있으니까요.
−마더 테레사

To Do List

오늘 할 일을 내일로 미루면 내일은 더 달려야 한다

☐ _____
☐ _____
☐ _____
☐ _____
☐ _____
☐ _____
☐ _____
☐ _____

꼭 **기억**해야 하는 일은 ✿로 **체크**하세요

Reminders

오늘의 약속을 적어 보세요

Memo

Thank you!

오늘의 감사한 일을 적어 보세요

Note

돈이 없어도 인간관계를
좋게 할 수 있는 것은
환한 미소.
웃자.
웃어 봐.

안녕, 오늘

100개를 주면 그 마음을 알까?

어렵다 사회생활

인간관계

—양지연

To Do List

오늘 할 일을 내일로 미루면 내일은 더 달려야 한다

☐ _____
☐ _____
☐ _____
☐ _____
☐ _____
☐ _____
☐ _____
☐ _____

꼭 기억해야 하는 일은 ✿로 체크하세요

Reminders

오늘의 약속을 적어 보세요

_____
_____
_____
_____
_____
_____

Memo

Thank you!

오늘의 감사한 일을 적어 보세요

_____
_____
_____
_____

Note

작은 목표를 정해 7일씩이라도 노력해요.
이 일주일의 변화가 내 인생을 변화시키는
계기가 될 수도 있어요.

작심, 7일 Part.1

Date   .   .   .

목표 : _____

1day	2day	3day	4day	5day	6day	7day	완성도
☐	☐	☐	☐	☐	☐	☐	☐

작심, 7일 Part.1

Date   .   .   .

목표 : _____

1day	2day	3day	4day	5day	6day	7day	완성도
☐	☐	☐	☐	☐	☐	☐	☐

안녕, 오늘

주문이 무서운 이유는
자꾸 집중해서 생각하기 때문이다. 주문을 걸어 봐.
─양지연

To Do List

오늘 할 일을 내일로 미루면 내일은 더 달려야 한다

- [ ] _____
- [ ] _____
- [ ] _____
- [ ] _____
- [ ] _____
- [ ] _____
- [ ] _____
- [ ] _____

꼭 **기억**해야 하는 일은 ☆로 **체크**하세요

Reminders

오늘의 약속을 적어 보세요

Memo

Thank you!

오늘의 감사한 일을 적어 보세요

Note

재테크의 첫 걸음

통장 쪼개기

: -) 티끌 모아 티끌된다는데

재테크의 첫걸음,

재정 상태부터 파악하고 통장 정리부터 해야 해요.

예시: **월급 통장** ┬── **공과금 통장** ──────── 매달 자동이체되는 고정 지출
　　　　　　　├── **생활비, 용돈 통장** ──── 신용카드 쓴다면 이곳에서 이체
　　　　　　　├── **비상금 통장** ──────── 보통 본인의 월급*3배는 모아 놓아야 안전
　　　　　　　└── **적금 통장** ──────── 목적을 만들어 놓은 적금이 성취도가 높음

현재 통장 목록　　　　　　　　　　사용 용도

＿＿＿＿＿＿＿＿＿＿＿　➡　＿＿＿＿＿＿＿＿＿＿＿＿＿＿＿＿

＿＿＿＿＿＿＿＿＿＿＿　➡　＿＿＿＿＿＿＿＿＿＿＿＿＿＿＿＿

＿＿＿＿＿＿＿＿＿＿＿　➡　＿＿＿＿＿＿＿＿＿＿＿＿＿＿＿＿

＿＿＿＿＿＿＿＿＿＿＿　➡　＿＿＿＿＿＿＿＿＿＿＿＿＿＿＿＿

＿＿＿＿＿＿＿＿＿＿＿　➡　＿＿＿＿＿＿＿＿＿＿＿＿＿＿＿＿

＿＿＿＿＿＿＿＿＿＿＿　➡　＿＿＿＿＿＿＿＿＿＿＿＿＿＿＿＿

DATE   .   .

M T W T F S S

안녕, 오늘

Myfeeling

VG   G   SO   B   VB

재미가 없다면,
왜 그것을 하고 있는 건가?
—제리 그린필드

● To Do List

오늘 할 일을 내일로 미루면 내일은 더 달려야 한다

- ☐ _____
- ☐ _____
- ☐ _____
- ☐ _____
- ☐ _____
- ☐ _____
- ☐ _____
- ☐ _____

꼭 기억해야 하는 일은 ☆로 체크하세요

● Reminders

오늘의 약속을 적어 보세요

● Memo

Thank you!

오늘의 감사한 일을 적어 보세요

● Note

이제 캡처하지 마세요.
아무 생각 없이 캡처! 캡처!
중요하다 생각해서 캡처는 하지만
정작 핸드폰 사진첩 속에 있는 정보들을
얼마나 활용하고 계시나요?

아까운 캡처들, 이제 꺼내놓아요.

안녕, 오늘

My feeling

VG G SO B VB

가끔은 가장 옳은 길이
가장 쉬운 길이 아닐 때도 있지.
−포카혼타스

To Do List
오늘 할 일을 내일로 미루면 내일은 더 달려야 한다

- [ ] _____
- [ ] _____
- [ ] _____
- [ ] _____
- [ ] _____
- [ ] _____
- [ ] _____
- [ ] _____

꼭 기억해야 하는 일은 ✿로 체크하세요

Reminders
오늘의 약속을 적어 보세요

Memo

Thank you!
오늘의 감사한 일을 적어 보세요

Note

축복받는 인생을 위해
버려야 할 8가지

1. 나이 걱정
나이 드는 것을 슬퍼하지 말라.

2. 과거에 대한 후회
지난 일에는 쿨해져라.

3. 비교함정
남이 아닌 자신의 삶에 집중하라.

4. 자격지심
스스로를 평가절하하지 말라.

5. 개인주의
도움을 청할 줄 알라.

6. 미루기
망설이면 두려움만 커진다.

7. 강박증
최고보다 최선을 택하라.

8. 막연한 기대감
미래를 만드는 것은 현재다.

DATE . .

M T W T F S S

안녕, 오늘

Myfeeling

VG G SO B VB

상대의 입장에서 생각해 봐.
오해가 이해로 바뀔 거야.

−양지연

To Do List

오늘 할 일을 내일로 미루면 내일은 더 달려야 한다

- ☐ _____
- ☐ _____
- ☐ _____
- ☐ _____
- ☐ _____
- ☐ _____
- ☐ _____
- ☐ _____

꼭 기억해야 하는 일은 ☆로 체크하세요

Reminders

오늘의 약속을 적어 보세요

Memo

Thank you!

오늘의 감사한 일을 적어 보세요

Note

168자로 나타내는 특별한 날의 기분

느낌 체크

VB	B	SS	G	VG
Very Bad	Bad	So so	Good	Very Good

DATE

DATE ___ . ___ . ___

M T W T F S S

안녕, 오늘

My feeling ___

VG G SO B VB

계획은 무슨!
계획대로 안 되는 게 인생이라는 거야. 똑똑히 기억해 둬라.
−짱구는 못 말려

To Do List

오늘 할 일을 내일로 미루면 내일은 더 달려야 한다

☐ _____
☐ _____
☐ _____
☐ _____
☐ _____
☐ _____
☐ _____
☐ _____

꼭 **기억**해야 하는 일은 ☆로 **체크**하세요

Reminders

오늘의 약속을 적어 보세요

_____
_____
_____
_____
_____
_____
_____

Memo

Thank you!

오늘의 감사한 일을 적어 보세요

_____
_____
_____
_____

Note

'특별'한 오늘

Date   .   .   .

DATE   .   .

M T W T F S S

안녕, 오늘

My feeling

VG   G   SO   B   VB

변화를 위해 가장 필요한 것은
지치지 않는 것이다.

−양지연

To Do List

오늘 할 일을 내일로 미루면 내일은 더 달려야 한다

- [ ] _____
- [ ] _____
- [ ] _____
- [ ] _____
- [ ] _____
- [ ] _____
- [ ] _____
- [ ] _____

꼭 기억해야 하는 일은 ✿로 체크하세요

Reminders

오늘의 약속을 적어 보세요

Memo

Thank you!

오늘의 감사한 일을 적어 보세요

Note

Syndrome

증후군: 질병의 증상이 단일하지 않고, 그 원인이 불분명할 때 쓰이는 용어

리플리 증후군
자기만족을 위해 거짓말을 하는 증후군

뮌하우젠 증후군
관심받기 위해 거짓말을 하는 증후군

피터팬 증후군
어른이 되서도 여전히 아이에 머무르고 싶다고
생각하는 증후군

신데렐라 증후군
누군가가 나랑 결혼을 해줘서
나를 좋게 해줄 거라고 생각하는 증후군

번아웃 증후군
일에 지나치게 몰두하는 증후군

착한 아이 증후군
남에게 지나치게 굽신거리고 순종적인 증후군

히키코모리 증후군
남을 만나지 않고 집 안에만 틀어박혀 지내는
증후군

스마일 마스크 증후군
겉으론 웃고 있지만 속으론 우는 증후군

분노조절장애
분노를 잘 조절하지 못하는 증후군

충동조절장애
충동을 잘 조절하지 못하는 증후군

외계인 손 증후군
자신의 손이 자신의 의지와 상관없이
움직이는 증후군

스톡홀름 증후군
범죄 가해자가 피해자랑 동화되는 증후군

피해자 증후군
내가 피해를 입었다고 믿는 증후군

유아 비디오 증후군
유아가 비디오를 너무 많이 봐서
비디오에 중독되는 상태

파랑새 증후군
노력도 하지 않고 미래의 이상만 생각하는 증후군

프랑켄슈타인 증후군
유전자 조작으로 인해 괴물이 나타나
지구를 파괴할 거라고 믿는 심리상태

외국어 말투 증후군
머리를 다쳐 억양이 외국어처럼 변하는 증후군

DATE　　.　　.

M T W T F S S

안녕, 오늘

부모님을 챙겨라.
너의 존재감은 여기서부터 시작됐다.

—양지연

To Do List

오늘 할 일을 내일로 미루면 내일은 더 달려야 한다

☐ _____
☐ _____
☐ _____
☐ _____
☐ _____
☐ _____
☐ _____
☐ _____

꼭 **기억**해야 하는 일은 ☆로 **체크**하세요

Reminders

오늘의 약속을 적어 보세요

_____
_____
_____
_____
_____
_____
_____

Memo

Thank you!

오늘의 감사한 일을 적어 보세요

_____
_____
_____
_____

Note

04

더 단단해지는
하루

마음 챙김

잠시 쉬었다 가세요.

DATE   .   .

M T W T F S S

안녕, 오늘

Myfeeling

VG   G   SO   B   VB

미래란 내일이 아니라
바로 오늘이다.
-오슬러

To Do List

오늘 할 일을 내일로 미루면 내일은 더 달려야 한다

☐ _____

☐ _____

☐ _____

☐ _____

☐ _____

☐ _____

☐ _____

☐ _____

꼭 기억해야 하는 일은 ☆로 체크하세요

Reminders

오늘의 약속을 적어 보세요

Memo

Thank you!

오늘의 감사한 일을 적어 보세요

Note

사자성어

愚公移山
우 공 이 산
어리석을 우 공평할 공 옮길 이 뫼 산

우공이 산을 옮긴다.

남이 보기에는 어리석은 일처럼
보이지만 한 가지 일을 끝까지
밀고 나가면 언젠가는 목적을 달성할 수 있다.

泣斬馬謖
읍 참 마 속
울 읍 벨 참 말 마 일어날 속

눈물을 머금고 마속의 목을 벤다.

사랑하는 신하를 법대로 처단하여 질서를 바로잡음을
이르는 말. 아무리 사랑해도 그릇된 것은 바로 잡아야 한다.

大器晚成
대 기 만 성
큰 대 그릇 기 늦을 만 이룰 성

큰 그릇은 늦게 이루어진다.

크게 될 인물은 오랜 공적을 쌓아 늦게 이루어짐 또는
만년이 되어 성공하는 일을 이룬다. 오랜 내공과 그에 따른
노하우를 이루어 놓으면 언젠가는 크게 성공한다.

近朱者赤
근 주 자 적
가까울 근 붉을 주 사람 자 붉을 적

붉은 빛을 가까이 하면 붉게 된다.

주위 환경이 중요하다는 것을 이르는 말

刎頸之交
문 경 지 교
목벨 문 목 경 갈 지 사귈 교

목을 벨 수 있는 벗

생사를 같이 할 수 있는 매우 소중한 벗

摩斧爲針
마 부 위 침
갈 마 도끼 부 할 위 바늘 침

도끼를 갈아 바늘을 만든다.

아무리 이루기 힘든 일도 끊임 없는 노력과
끈기 있는 인내로 성공하고야 만다.

안녕, 오늘

My feeling

VG G SO B VB

변명 중에서도 가장 어리석고 못난 변명
"시간이 없어서"

−토마스 에디슨

To Do List

오늘 할 일을 내일로 미루면 내일은 더 달려야 한다

- [ ] _____
- [ ] _____
- [ ] _____
- [ ] _____
- [ ] _____
- [ ] _____
- [ ] _____
- [ ] _____

꼭 기억해야 하는 일은 ☆로 체크하세요

Reminders

오늘의 약속을 적어 보세요

Memo

Thank you!

오늘의 감사한 일을 적어 보세요

Note

사자성어

初 不 得 三
초 부 득 삼
처음 초 아닐 부 얻을 득 석 삼

처음에 실패한 것이 세 번째는 성공한다.

처음에 실패했다고 해서 좌절하지 말고
포기하지 말 것. 꾸준히 노력하면 성공의 결실을 볼 수 있다.

功 成 身 退
공 성 신 퇴
공 공 이룰 성 몸 신 물러날 퇴

공을 이루었으면 몸은 후퇴한다.

성공을 이루고 그 공을 자랑하지 않는다.
성공을 했다고 해도 항상 겸손을 잊지 않는다.

有 備 無 患
유 비 무 환
있을 유 갖출 비 없을 무 근심 환

준비가 있으면 근심이 없다.

미리 준비가 되어 있으면 우환을 당하지 않는다.
미리 준비하는 자세를 가져야 한다.

七 顚 八 起
칠 전 팔 기
일곱 칠 이마 전 여덟 팔 일어날 기

일곱 번 넘어져도 여덟 번 일어난다.

실패를 거듭해도 굴하지 않고 다시 일어선다.
한 번 실패했다고 좌절하지 말고 다시 도전하라.

기억하고 싶은 사자성어 적어 보세요

DATE   .   .
M T W T F S S

안녕, 오늘

My feeling
VG G SO B VB

지금은 진정성의 시대,
인생의 판을 다시 짜봐.
—양지연

◉ To Do List
오늘 할 일을 내일로 미루면 내일은 더 달려야 한다

☐ _____
☐ _____
☐ _____
☐ _____
☐ _____
☐ _____
☐ _____
☐ _____

꼭 기억해야 하는 일은 ☆로 체크하세요

◉ Reminders
오늘의 약속을 적어 보세요

◉ Memo

Thank you!
오늘의 감사한 일을 적어 보세요

◉ Note

월요일엔 월급받을 때처럼 웃고
화요일엔 화가 나도 웃고
수요일엔 수도 없이 웃고
목요일엔 목숨걸고 웃고
금요일엔 금방 웃고 또 웃고
토요일엔 토라져도 웃고
일요일엔 일어나자마자 웃자.

이대로만 하면
광대가 승천할 것입니다.

웃는 일만 생겨
복이 저절로 들어올 겁니다.

딱 일주일만 시작해 보세요

DATE . .

M T W T F S S

안녕, 오늘

나보다 나 자신을
잘 아는 사람은 없다.

−이드리스 샤흐

To Do List

오늘 할 일을 내일로 미루면 내일은 더 달려야 한다

- [ ] _____
- [ ] _____
- [ ] _____
- [ ] _____
- [ ] _____
- [ ] _____
- [ ] _____
- [ ] _____

꼭 기억해야 하는 일은 ☆로 체크하세요

Reminders

오늘의 약속을 적어 보세요

Memo

Thank you!

오늘의 감사한 일을 적어 보세요

Note

진짜 내 마음

재밌게 살고 싶은 마음
더없이 소중한 마음
더 단단해지는 마음
진짜 내 마음

안녕, 오늘

기회를 기다려라.
그러나 절대로 때를 기다려서는 안 된다.
―F.M 밀러

● **To Do List**

오늘 할 일을 내일로 미루면 내일은 더 달려야 한다

☐ _____
☐ _____
☐ _____
☐ _____
☐ _____
☐ _____
☐ _____
☐ _____

꼭 **기억**해야 하는 일은 ✿로 **체크**하세요

● Reminders

오늘의 약속을 적어 보세요

● Memo

Thank you!

오늘의 감사한 일을 적어 보세요

● Note

영어보다 더 어려운

인싸 용어

맥세권 : 맥도날드 배달이 가능한 지역

자만추 : 자연스러운 만남을 추구한다

존버 : 버티다(＊나게 버틴다)

세젤예 : 세상에서 제일 예쁘다

누물보: 누가 물어본 사람?

최애 : 최고로 사랑한다

소확행 : 소소하지만 확실한 행복

관종 : 관심받고 싶어하는 사람

이생망 : 이번 생은 망했다

P ; ㅠ : 피땀눈물

갑통알 : 갑자기 통장의 잔액을 보니 알바해야 할 것 같음

아아 : 아이스 아메리카노

갑툭튀 : 갑자기 툭 튀어나온다

갑분싸 : 갑자기 분위기 싸해짐

별다줄 : 별걸 다 줄인다

안물안궁 : 안 물어봤고 안 궁금하다

마상 : 마음에 상처

취존 : 취향 존중(비슷─ 개취 : 개인의 취향)

인싸 : 사람들과 잘 섞여 노는 사람들

핵인싸 : 인기 많은 사람 중에 더 인기 있는 사람

생선 : 생일 선물

츤데레 : 겉모습은 쌀쌀 맞지만 실제로는 따뜻하고 다정한 사람

혼밥러 : 혼자서 밥을 먹는 사람

문찐 : 문화를 즐기거나 알지 못하는 사람(문화 찐따)

DATE . .

M T W T F S S

안녕, 오늘

말과 마음이 지나치면 실수가 기다린다.
때를 기다려라.
−양지연

To Do List

오늘 할 일을 내일로 미루면 내일은 더 달려야 한다

- ☐ _____
- ☐ _____
- ☐ _____
- ☐ _____
- ☐ _____
- ☐ _____
- ☐ _____
- ☐ _____

꼭 **기억**해야 하는 일은 ☆로 **체크**하세요

Reminders

오늘의 약속을 적어 보세요

Memo

Thank you!

오늘의 감사한 일을 적어 보세요

Note

매일 행복할 순 없어.

순간순간 행복할 때마다 충분히 행복을 느껴봐요.

어느 날 그 행복에 감사한 날들이 오고

그 감사한 날들이 하루하루 이어지면

어느새 매일 행복을 느끼는 나를 만나게 될 거예요.

DATE _____. _____.

M T W T F S S

안녕, 오늘

그대가 있어 세상은 아름다워라.

삶에서 가장 위대한 것은 사랑하고 또 사랑받는 것이다.

-물랑루즈

To Do List

오늘 할 일을 내일로 미루면 내일은 더 달려야 한다

- ☐ _____
- ☐ _____
- ☐ _____
- ☐ _____
- ☐ _____
- ☐ _____
- ☐ _____
- ☐ _____

꼭 **기억**해야 하는 일은 ☆로 **체크**하세요

Reminders

오늘의 약속을 적어 보세요

Memo

Thank you!

오늘의 감사한 일을 적어 보세요

Note

자주 봐요, 우리.
정들게
오늘이 제일 예쁜 당신.
예쁘고 예쁘고 예쁘다.

DATE ____ . ____ . ____

M T W T F S S

안녕, 오늘

My feeling

VG G SO B VB

심플한 관계에도 노력이 필요하다.

-양지연

To Do List

오늘 할 일을 내일로 미루면 내일은 더 달려야 한다

☐ _____
☐ _____
☐ _____
☐ _____
☐ _____
☐ _____
☐ _____
☐ _____

꼭 기억해야 하는 일은 ☆로 체크하세요

Reminders

오늘의 약속을 적어 보세요

Memo

Thank you!

오늘의 감사한 일을 적어 보세요

Note

마법의 주문-하쿠나마타타

나는 행복하다.
나는 건강하다.
나는 잘 살고 있다.

그냥 한번 믿어보세요.
혹시 모르잖아요. 마법이 이루어질지…

DATE . .

M T W T F S S

안녕, 오늘

다른 누군가가 되어서 사랑받기보다는
있는 그대로의 나로서 미움받는 것이 낫다.

−커트 코베인

To Do List

오늘 할 일을 내일로 미루면 내일은 더 달려야 한다

- [ ] _____
- [ ] _____
- [ ] _____
- [ ] _____
- [ ] _____
- [ ] _____
- [ ] _____
- [ ] _____

꼭 **기억**해야 하는 일은 ✿로 **체크**하세요

Reminders

오늘의 약속을 적어 보세요

Memo

Thank you!

오늘의 감사한 일을 적어 보세요

Note

소리 질러!
난 할 수 있다!

안녕, 오늘

My feeling

VG G SO B VB

지금으로부터 1년 후
오늘 시작했더라면 좋았을 걸 하고 바랄 수 있다.
－카렌 램

To Do List

오늘 할 일을 내일로 미루면 내일은 더 달려야 한다

☐ _____
☐ _____
☐ _____
☐ _____
☐ _____
☐ _____
☐ _____
☐ _____

꼭 기억해야 하는 일은 ✿로 체크하세요

Reminders

오늘의 약속을 적어 보세요

Memo

Thank you!

오늘의 감사한 일을 적어 보세요

Note

지칠 수 없는 이유는
꿈이 있기 때문이예요.

잠시 쉬어 가더라도,
포기하지만 않으면
누구든 꿈을 이룰 수 있어요.

묵묵히 가는 하루 되세요.

DATE   . .

M T W T F S S

안녕, 오늘

My feeling

VG   G   SO   B   VB

남과 비교하지 말고 전과 비교하라.

─유영만

Tu Do List

오늘 할 일을 내일로 미루면 내일은 더 달려야 한다

☐ _____
☐ _____
☐ _____
☐ _____
☐ _____
☐ _____
☐ _____
☐ _____

꼭 **기억**해야 하는 일은 ✿로 **체크**하세요

Reminders

오늘의 약속을 적어 보세요

_____
_____
_____
_____
_____
_____

Memo

Thank you!

오늘의 감사한 일을 적어 보세요

_____
_____
_____

Note

내 스스로에게 박수 쳐준 적이 있나요?
내 스스로에게 칭찬과 위로를 해준 적이 있나요?

생각보다 우리 몸과 마음은
정직해서 다 기억한답니다.

그리고 그대로 나에게 돌려줍니다.

나를 돌아보세요.

DATE ___ . ___ . ___

M T W T F S S

안녕, 오늘

자신의 능력을 믿어야 한다.
그리고 끝까지 굳세게 밀고 나가라.
- 로잘린 카터

To Do List

오늘 할 일을 내일로 미루면 내일은 더 달려야 한다

- ☐ _____
- ☐ _____
- ☐ _____
- ☐ _____
- ☐ _____
- ☐ _____
- ☐ _____
- ☐ _____

꼭 기억해야 하는 일은 ✿로 체크하세요

Reminders

오늘의 약속을 적어 보세요

Memo

Thank you!

오늘의 감사한 일을 적어 보세요

Note

마음속에 간절하게 새기면 그대로 이루어진다.

마음에 품는 것은
마음 속에 원하는 삶의 이미지를 그리는 것이다.

이루고 싶은 모습을 마음속에 그린 다음
충분한 시간 동안 그 그림을 간직하고 있으면
반드시 그대로 실현된다.

안녕, 오늘

실패했다고 기죽지 말자.

제일 존경받는 사람은 꼭 바닥을 찍고 올라온 사람들이더라.

―양지연

To Do List

오늘 할 일을 내일로 미루면 내일은 더 달려야 한다

☐ _____
☐ _____
☐ _____
☐ _____
☐ _____
☐ _____
☐ _____
☐ _____

꼭 **기억**해야 하는 일은 ✰로 **체크**하세요

Reminders

오늘의 약속을 적어 보세요

Memo

Thank you!

오늘의 감사한 일을 적어 보세요

Note

Smile

웃을 일이 있어서 웃는 게 아니예요.

웃으니까 자꾸 웃을 일이 생겨요.

웃어 보세요.

밝게 웃어 보아요.

나를 위해 활짝 웃어 보아요.

웃음은 그 어떤 병도 낫게 해요.

웃음에너지를 믿고 마구 웃어 보아요.

하하 호호 히히~

DATE   .   .

M T W T F S S

안녕, 오늘

스스로를 믿는다면
당신을 막을 수 있는 것은 아무것도 없습니다.

−켈리 최

To Do List

오늘 할 일을 내일로 미루면 내일은 더 달려야 한다

☐ _____
☐ _____
☐ _____
☐ _____
☐ _____
☐ _____
☐ _____
☐ _____

꼭 기억해야 하는 일은 ☆로 체크하세요

Reminders

오늘의 약속을 적어 보세요

Memo

Thank you!

오늘의 감사한 일을 적어 보세요

Note

바위 틈을 비집고 피어나는 풀처럼

밟을수록 지독하게 자라는 잡초처럼

밤이슬 먹으며 조용히 활짝 피는 꽃처럼

사시사철 변하지 않는 소나무처럼

나는 묵묵히 그리 가리라.

그리고 꼭 꿈을 이룰 때까지

흔들림없이 가리라.

안녕, 오늘

My feeling

VG G SO B VB

오랫동안 꿈을 그리는 사람은
마침내 그 꿈을 닮아간다.

−앙드레 지드

To Do List

오늘 할 일을 내일로 미루면 내일은 더 달려야 한다

- ☐ _____
- ☐ _____
- ☐ _____
- ☐ _____
- ☐ _____
- ☐ _____
- ☐ _____
- ☐ _____

꼭 **기억**해야 하는 일은 ✿로 **체크**하세요

Reminders

오늘의 약속을 적어 보세요

Memo

Thank you!

오늘의 감사한 일을 적어 보세요

Note

어떤 말을 만 번 이상 되풀이하면
반드시 미래에 그 말이 이루어진다는
아프리카 속담이 있다고 합니다.

반복적인 생각과 말은 결국 현실이 됩니다.

악하고 부정적인 생각과 말은 절망의 열매를

선하고, 긍정적인 생각과 말은
소망과 성취의 열매를 맺게 됩니다.

-촌철활인

DATE   .   .

M T W T F S S

안녕, 오늘

기억을 남기면 추억이 된다.

−양지연

To Do List

오늘 할 일을 내일로 미루면 내일은 더 달려야 한다

☐ _____
☐ _____
☐ _____
☐ _____
☐ _____
☐ _____
☐ _____
☐ _____

꼭 **기억**해야 하는 일은 ☆로 **체크**하세요

Reminders

오늘의 약속을 적어 보세요

Memo

Thank you!

오늘의 감사한 일을 적어 보세요

Note

나는 그런 사람이었다.
정에 고파서 조그만 관심을 가져주면
모든 걸 주는 그런 사람이었다.

그 뒤에 받는 상처도 계산하지 않는 그런 사람이었다.
조금만 더 일찍 깨달았다면
정 주지 않고 상처받지 않고 살 수 있었을까?

아니,
아마 나는 상처받기 전에 외로워 죽을 것이다.
그래서 오늘도 난 정 주는 길을 택했다.
나는 이런 사람이었다.

DATE _____ . _____ . _____

M T W T F S S

안녕, 오늘

너에게는 아직 꿈을 이루기 위한
충분한 시간이 있어.

−피터팬

To Do List

오늘 할 일을 내일로 미루면 내일은 더 달려야 한다

☐ _____
☐ _____
☐ _____
☐ _____
☐ _____
☐ _____
☐ _____
☐ _____

꼭 기억해야 하는 일은 ☆로 체크하세요

Reminders

오늘의 약속을 적어 보세요

Memo

Thank you!

오늘의 감사한 일을 적어 보세요

Note

손으로 적어서 눈을 보며
나눠 주는 이야기

문자✕ 카카오톡✕ 메일✕
악필이건 명필이건 중요하지 않아요.
우리는 사람과 사람이잖아요.
손으로 적어 마음을, 정보를 나눠요.

안녕, 오늘

Myfeeling

VG   G   SO   B   VB

자신이 자신을 위해 주지 않으면
누가 당신을 위해 줄 것인가?

—히레르

To Do List

오늘 할 일을 내일로 미루면 내일은 더 달려야 한다

☐ _____
☐ _____
☐ _____
☐ _____
☐ _____
☐ _____
☐ _____
☐ _____

꼭 **기억**해야 하는 일은 ✿로 **체크**하세요

Reminders

오늘의 약속을 적어 보세요

_____
_____
_____
_____
_____
_____

Memo

Thank you!

오늘의 감사한 일을 적어 보세요

_____
_____
_____
_____

Note

힘들 땐 울어도 돼
네 잘못이 아니야
잘했어! 수고했어!

괜찮아

가끔은
스스로에게 건네는
위로의 말들이 필요하다.

DATE   .   .

M T W T F S S

안녕, 오늘

● My feeling

VG   G   SO   B   VB

기적은 행동하는 자에게 온다.

−켈리 최

● **To Do List**

오늘 할 일을 내일로 미루면 내일은 더 달려야 한다

- ☐ _____
- ☐ _____
- ☐ _____
- ☐ _____
- ☐ _____
- ☐ _____
- ☐ _____
- ☐ _____

꼭 기억해야 하는 일은 ☆로 체크하세요

● Reminders

오늘의 약속을 적어 보세요

● Memo

Thank you!

오늘의 감사한 일을 적어 보세요

● Note

희망고문

다른 사람들의 성공을
보고만 있는 것

할 수 있다 말만 하고
꿈만 꾸는 것

제일 마음 아픈 고문이자
나를 제일 힘들게 하는 고문이다.

움직여라.
무엇이든지 하다 보면
힘든 고문이 진짜 희망이 된다.

DATE   .   .

M T W T F S S

안녕, 오늘

● My feeling

VG   G   SO   B   VB

인생이 쓴지, 달콤한지는
내가 마음먹기에 달렸다.
─양지연

● To Do List

        오늘 할 일을 내일로 미루면 내일은 더 달려야 한다

☐ _____
☐ _____
☐ _____
☐ _____
☐ _____
☐ _____
☐ _____
☐ _____

    꼭 기억해야 하는 일은 ✿로 체크하세요

● Reminders

                오늘의 약속을 적어 보세요

● Memo

● Thank you!

            오늘의 감사한 일을 적어 보세요

● Note

에필로그

내가 나를 위로하고 싶은 날

한적한 곳에 여행 가서 혼자 놀고 싶은 날

열심히 산 나를 응원해주고 싶은 날

누군가를 조용히 위로, 응원하고 싶을 때

성공, 돈보다 나를 보듬고 사랑하는 시간을 가지고 싶을 때

디지털 세상에서 잠시 쉬고 싶을 때 꼭 읽으면 좋은 책입니다.

정성을 다해 엮어보았습니다.

이름 모를 사람들에게 위로받고

버티며 살았던 것처럼

저의 위로의 말로 또 누군가를 버틸 수 있게 하는

희망의 불씨가 되고 싶습니다.

한 줄의 글이 나를 살리다…

미로 찾기
(74p)

미로 찾기
(76p)

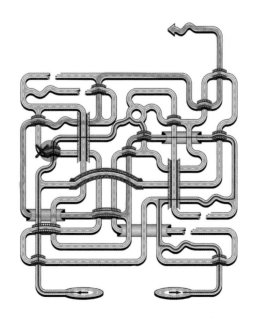

틀린 그림 찾기
(78p)

미로찾기
(80p)

숫자 채우기
(82p)

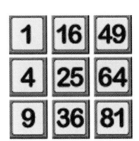

해답

미로 찾기

(84p)

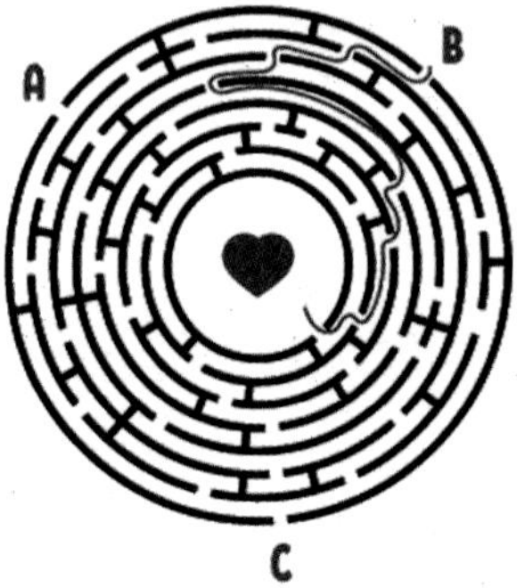

숫자 맞추기

(88p)

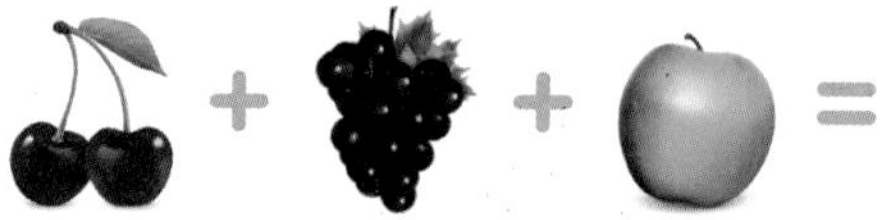

= 45

미로 찾기

(90p)

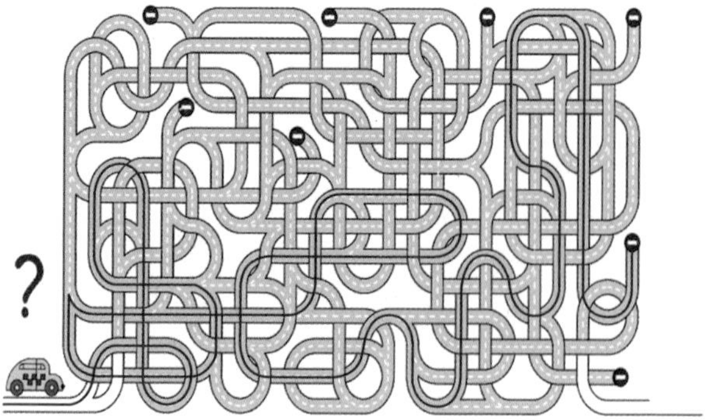

가로 세로
숫자 게임
(102p)

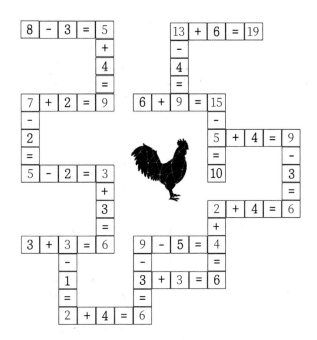

숫자 채우기
(104p)

QUIZ
(106p)

A	S	M	I	N	C	O	L	Y	T
L	U	V	I	M	E	P	H	A	L
L	R	E	A	S	T	S	P	I	E
O	U	L	A	P	R	H	P	N	S
S	A	O	R	N	O	U	O	O	U
A	R	C	A	O	D	S	L	S	R
N	O	I	S	A	U	R	O	A	U
K	T	R	A	R	C	H	I	A	S
Y	P	A	T	S	U	L	A	T	U
L	O	S	A	U	R	A	R	U	R

QUIZ
(108p)

A	P	R	I	S	U	N	L	G	R
S	U	E	L	T	H	G	I	S	E
E	L	S	S	U	O	H	D	O	E
E	B	K	E	F	B	I	R	W	N
D	S	Y	N	R	E	S	S	I	G
L	T	S	E	E	N	G	G	N	R
I	N	G	S	S	H	A	S	S	A
B	C	H	N	E	D	R	M	A	Y
L	R	A	M	H	T	W	O	R	G
O	S	S	O	M	Y	O	U	N	G

QUIZ
TIME

(110p)

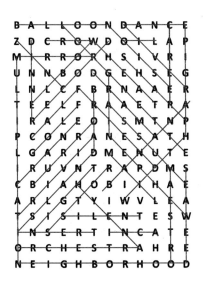

초성 맞추기
게임

(112p)

포도, 망고, 수박, 참외, 사과, 앵두, 딸기, 복숭아, 단마토
오렌지, 파인애플, 샤인머스켓, 방울토마토, 메로골드자몽

틀린 그림 찾기
(114p)

틀린 그림 찾기
(116p)